나는 삶이 답답할 때
부처를 읽는다

우뤄취안 지음
정주은 옮김

나는 삶이 답답할 때
부처를 읽는다

오늘도 마음이 흔들리는
당신을 위한 지혜의 말들

알토북스

마음을 내려놓으면,
삶이 단순해지고 마음의 짐도 가벼워진다

"도대체 삶의 의미는 무엇일까요?"

어려서부터 중년이 될 때까지, 우리는 늘 타인의 관심과 인정을 바라며 자기 삶의 가치를 증명하려 합니다. 그 과정에서 크고 작은 성공과 실패, 사랑과 배신, 기대와 실망, 만남과 이별을 경험하지요. 그리고 비로소 깨닫습니다. 노력이 반드시 열매를 맺는 것도 아니고, 소중히 여긴다고 해서 다 가질 수 있는 것도 아니라는 사실을 말입니다.

할 수만 있다면, 실패와 배신, 실망과 이별을 겪은 뒤에도 자신을 아끼고, 매 순간 감사할 수 있기를 바랍니다. 그러면서 남에게 의지하기보다 내 안에 더 많은 사랑을 채워야 한다는 사실을 깨닫고, 사랑을 찾아 방황하던 삶에 마침표를 찍습니다. 그 깨달음의 찰나에, 나 자신이 바로 사랑이라는 것을 마침내 알게 되는 것이지요.

그런데 도대체 어떤 신념이 있었기에 산전수전 다 겪고 고통과 시련을 견디며 지금까지 버틸 수 있었을까요?

걱정과 염려가 캄캄한 밤의 파도처럼 밀려올 때마다 마치 절규하듯 묻습니다.

"왜 하필 나야?"

"도대체 언제까지 이렇게 아파야 하는데?"

"인생이라는 게 끝없는 고통뿐인 걸까?"

비록 소리 없는 외침이지만, 이미 목이 쉬고 기진맥진하고 맙니다. 그 모든 외침과 질문 뒤에는 사실 하나의 해답이 있습니다.

'당신이 고요한 마음으로 기다린다면, 그 해답이 서서히 들려올 것입니다.'

번뇌와 두려움은 자기 자신과 가장 먼 거리에 있다

우리가 번뇌와 두려움에서 벗어나지 못하는 이유는, 고난의 순간에 너무 쉽게 세상의 평가에 따라 자신을 깎아내리기 때문입니다. 세상에서 가장 독한 말은 타인의 입이나 키보드에서 나오는 것이 아니라, 스스로 자신을 믿지 못하고 의심하며 비난하는 그 마음에서 비롯됩니다. 심지어 누군가 진심으로 걱정하며 말하는 "마음을 내려놔!"라는 말조차도, 악의적인 조롱으로 받아들이곤 합니다. 그러면서 마음속으로 이렇게 따져 묻고 싶어지지요.

'내려놓으라고? 그게 그렇게 쉬우면 네가 대신 고통을 겪어 보던가!'

이렇듯 내려놓기란, 정말로 어려운 일이지요. 사람마다 겪는 고통의 무게는 저마다 다르며, 서로 비교할 수도 복제할 수도 없습니다. 이

때 선의에서 비롯된 누군가의 '공감'이 따뜻한 배려나 위로가 되기는 하지만, 괴로워하는 이를 번뇌에서 벗어나게 하고 다 내려놓게 만드는 해결책은 되지 못합니다.

예전의 저는 이런 식으로 자신을 다독였습니다.

'어차피 내려놓을 수 없다면, 짊어지는 법부터 배우자!'

그리고 전보다 더 열심히 살며 웨이트 트레이닝 코치 자격증까지 땄습니다. 하지만 삶에 대한 책임감은 헬스장의 바벨처럼 무게를 조절할 수 있는 게 아닙니다. 게다가 아무리 힘이 세도, 버틸 수 있는 무게에는 한계가 있습니다. 하지만 삶의 번뇌와 걱정은 끝이 없습니다.

저는 30년 가까이 가족을 병간호하며, 집안일은 물론이고 경제 활동까지 모두 떠맡아야 했습니다. 하루 수면 시간이 다섯 시간도 되지 않았는데, 늦은 밤 모든 일과를 마치고 잠자리에 들 때면 심지까지 다 타 버린 느낌이 들더군요.

그렇다고 제가 이 세상에서 유일하거나 가장 고된 병간호를 했다고 할 수는 없습니다. 병간호뿐 아니라 일에 치이고 감정에 휘둘리고 결혼, 돈, 건강 등의 문제로 허덕이는 다른 사람들에 비하면, 버틸 수 있는 정도였으니 오히려 감사하다고 생각해야 할 것입니다.

고통의 수렁에 빠진 사람에게 "어떻게 버티는가?"라고 묻는 것은 참 잔인한 일입니다. 어떻게든 고통을 짊어지려고 애쓰는 사람한테는 사실 그 질문에 대해 생각할 겨를조차 없기 때문입니다.

저 역시 독자와 기자들에게 그런 질문을 받곤 했습니다. 그때마다 진심으로 답하고 싶었고, 견디기 어려운 고달픔을 토로하고 싶었으나 감정이 북받쳐 올라 말문이 막히곤 했지요. 입을 살짝 벌렸다가도 말이 목구멍에 걸려, 미소만 지었습니다.

그러고는 마음속으로 나 자신에게 찬사를 보냈습니다.

'와, 너 참 잘했어!'

고통을 내려놓지 못하고 억지로 감당하느라 고달팠던 저는, 그제 야 불현듯 깨달았습니다.

'생각을 바꾼다는 것이 바로 이런 것이구나! 내가 피해자라는 생각을 멈추면 더 강해질 수 있구나! 괴로운 고통의 자리에서 벗어나 번뇌와 근심을 내려놓고 새로운 자리로 건너갈 수 있겠어! 하늘과 땅뿐 아니라, 무엇보다 나 자신에게 감사해야 해.'

삶에 대한 수많은 질문 끝에, 두려움으로 인해 생긴 마음속 거리낌을 들여다보고 나서는, 점차 나를 아끼는 법을 배워 스스로 다독일 수 있었습니다. 그리고 스스로 이렇게 말했습니다.

'걱정하고 염려해도 괜찮아, 걱정한다는 것은 아직 마음에서 소중히 여긴다는 뜻이니까.'

몇 년 전, 소중한 기회를 얻어 법고산法鼓山에서 '대만 불교계의 큰 스승'인 성엄聖嚴 스님의 가르침을 받은 적이 있습니다. 성엄 스님은 "마주하고, 받아들이고, 해결하고, 내려놓으라."라는 '사타四它'를 강조하셨지요. 이는 심오하고 광대한 불교의 지혜를 일상에서 실천할 수 있도록 쉽고 명료하게 풀어낸 것으로, 마음을 돌리고 내려놓으면 삶이 단순해지고 몸과 마음의 짐도 가벼워진다는 진리를 알려 줍니다.

'단순함'은 곧 '짐을 덜어 내는 것'입니다. 복잡한 것을 단순화하고 본연의 순수함으로 돌아가면, 자연스럽게 마음의 짐도 가벼워지고 삶은 더 자유로워집니다.

걱정이 찾아올 때는 잡념을 하나씩 풀어내고 서로를 도울 수 있는 연결 고리로 바꿔 긍정적인 에너지를 만들어 낼 것, 책임은 감당하고 걱정은 내려놓을 것. 이것이 바로 '마음을 돌리는 과정'이며, 이는 끊임없는 연습을 통해 이루어집니다.

이렇듯 삶의 연단을 거치며 얻은 교훈에 성엄 스님의 가르침을 더해, '인생을 바꾸는 108가지 생각 전환법'으로 묶었습니다. 질문하고 답하는 형식에 명언을 곁들여 독자들이 성엄 스님의 가르침을 통해 삶의 지혜를 되새기고 생활 속에서 실천하며 더 풍요로운 삶을 꾸릴 수 있게 했습니다.

이 책은 저의 119번째 작품입니다. 여러분이 이 책을 읽고 단순한 삶으로 돌아가고, 내려놓음을 통해 몸과 마음의 짐을 덜어 낼 수 있기를 바랍니다.

우원취안

CHAPTER 3

진정한 자아, 무아로 나아가기

CHAPTER 4

마음을 돌리고, 내려놓기를 배우다

CHAPTER 5

참회와 용서로 자신에게 너그러워지기

CHAPTER 6
사랑하기와 사랑받기

CHAPTER 7
먼저 원심을 내는 것이 생명의 귀착점이다

CHAPTER 1

고독이 가져다주는 '침묵'이라는 힘

홀로인 삶을 마음껏 누리면서도
'고독'하되 '괴팍'하지 않을 수 있을까?
고독이 성장의 전제 조건인가?
고독을 이용해 더 진실한 자아를 만나고
행복을 키우는 방법은 없을까?

이런 질문을 받은 적이 있습니다.

"글 쓰는 일을 하는 데 가장 필요한 자질은 뭔가요?"

글쓰기를 업으로 삼는 데 가장 중요한 자질은 세심한 관찰력도, 촌철살인의 표현력도, 아름다운 문체도 아닙니다. 글을 쓰려면 오랜 시간, 혼자서, 자신과 대화할 수 있어야 합니다. 이는 아무 두려움도 없는 무소외無所畏한 성찰이자 용감한 출발이라 할 수 있습니다.

『월든Walden』의 저자 헨리 데이비드 소로Henry David Thoreau는 이렇게 말했습니다.

"만약 어떤 사람이 동료들과 보조를 맞추지 않는다면, 아마도 다른 고수의 북소리를 듣고 있기 때문일 것이다. 그가 음악이 들려오는 곳으로 가게 둬라. 그 박자가 어떻든, 얼마나 멀리서 들리든 말이다."

어린 시절의 나는 일찌감치 남들과는 다른 북소리를 들었습니다. 하지만 그곳을 향해 발걸음을 뗄 용기가 없었습니다. 나는 무리 속에 섞여 튀지 않으려고 애쓰고 남들과 똑같이 행동했습니다. 그러면서도 남들이 내게서 뭔가 다른 점을 찾아낼까 봐 두려워했습니다. 그렇게 노력했음에도 결국 무리에서 낙오된 후 더 깊은 고독에 나를 밀어 넣고서야, 칠흑 같은 어둠 속에서 모든 것을 바로 보게 되었습니다. 나이가 들면서 깨달음이 찾아왔습니다. '온 마음으로 관조하면, 낮과 밤이 사실 다르지 않구나.' 그런 깊은 고독을 몰랐다면 새 삶을 살지 못했을 것입니다.

고독은 생의 잠재력을 발휘할 최적의 기회입니다. 그러나 안타깝게도 많은 이가 고독을 느끼기 시작하자마자 수단과 방법을 가리지 않고 벗어나려고 합니다. 적막감이 싫어 대화할 사람을 찾거나 TV를 켜고, 인터넷 채팅을 하면서 고독을 외면합니다. 이런 행동은 마치 혼자 문을 나섰다가 주위가 캄캄한 것에 놀라 곧바로 촛불을 찾으러 되돌아가는 것과 같습니다. 고독을 마주하고 다룰 기회를 잃어버리는 것입니다.

마음을 돌리세요. 고독을 느끼자마자 기댈 것을 찾기보다는, 더 깊은 고독 속으로 들어가 보세요. 몸과 마음을 가라앉히면 '나'만의 생명의 북소리가 들려올 것입니다.

우리가 마음속의 사랑과 증오의 소란을 가라앉히고 고요 속에서 고독한 자신을 끌어안을 때 긴긴밤이 긴긴낮이 되고, 유수와 같은 세월도 찰나에 지나지 않게 됩니다.

01
고독은 무엇을 알려 주는가

고요하고 고독한 곳에 있을수록

내 영혼을 끌어안고

진짜 나를 발견할 수 있다.

고독이 절정에 달하면 칠흑 같은 어둠 속에 있는 느낌이 듭니다. 이 어둠을 물리치기 위해 꼭 빛이 있어야 하는 것은 아니에요. 촛불로 어둠을 몰아낼 수 없다면, 차라리 꺼 버리는 편이 낫습니다. 모든 일은 자연스럽게 흘러가면 됩니다. 남과 비교하지 말고, 어둠과 빛의 대립을 초월해야 진정으로 자유로울 수 있습니다.

　성엄 스님께서 선종 공안* 중 하나인 '용담이 불을 끈' 일화를 들려주었습니다. 어느 날 밤, 당나라 때의 고승인 덕산선감德山宣鑑이 스승

---

*　선불교에서 수행자가 깨달음을 얻기 위해 참고하는 핵심적인 문답이나 일화를 의미한다.

인 용담숭신龍潭崇信 선사 곁에 서 있었습니다. 용담이 물러가 쉬라고 하자 덕산은 스승께 인사를 올리고 물러났다가 다시 돌아와 아뢰었습니다. "바깥이 어둡습니다." 용담이 등불을 켜 덕산에게 건넸습니다. 그런데 덕산이 등불을 받으려 하자 용담이 불을 '훅' 꺼 버린 것입니다.

어둠 속의 덕산은 늘 고독했던 어린 시절의 나와 같았습니다. 처음에는 외롭고 무섭지만, 어둠에 익숙해지거나 더 깊은 어둠 속으로 들어가 뒤를 돌아보면 지나온 길이 또렷이 보일 것입니다. 논리적으로는, 동공이 어둠에 적응하면서 자연스럽게 시야가 밝아진 것뿐이지요. 하지만 나는 주변의 변화에 적응하는 마음의 힘이 더 크다고 생각합니다. 고요하고 고독한 곳에 있을수록, 자신의 영혼을 더 깊이 끌어안고 진짜 나를 발견할 수 있습니다.

02

홀로 있어도 충만할 수 있을까

사람마다 성격과 상황이 다르기에, 고독한 이유도 가지각색입니다. 결혼 적령기를 넘긴 독신 남녀, 이혼하고 혼자 사는 사람, 출가한 수행자 등은 혼자 살아가는 모습만으로도 몹시 고독해 보입니다. 남들의 시선을 떠나, 부모로서는 혼기를 놓친 자식이 외롭게 지낼까 봐 전전긍긍하기 마련입니다. 미혼인 자식과 부모가 서로에 대한 걱정을 내려놓으려면 어떻게 해야 할까요?

성엄 스님조차 이런 걱정을 피하지 못했습니다. 스님의 형은 쉰을 넘긴 동생이 돌봐 주는 이 없이 딱한 말년을 보낼지도 모른다는 생각에 자기 자식을 양자로 보내려 했습니다. 하지만 이는 현실을 간과한 호의입니다. 장성한 자녀가 연로한 부모님 곁을 지킬 것이란 보장도 없고, 배우자가 있어도 결국 둘 중 하나는 먼저 세상을 뜨기 마련이니까요.

성엄 스님의 어머니는 남편과 아이들을 남겨 두고 일찍 세상을 떠났습니다. 자녀가 여럿 있었지만, 전란의 소용돌이 속에서 누가 누굴 돌볼 상황이 아니었습니다. 어쩔 수 없는 일이었지요. 여든까지 홀아비로 지낸 아버지는 결국 외로움을 참지 못해 스스로 목숨을 끊었습니다. 성엄 스님은 그때를 회상하며 "아버지가 불법佛法을 배웠더라면…." 하고 안타까워했습니다. 돌아가신 아버지를 떠올리는 그의 눈빛에는 연민이 가득 서려 있었습니다.

불교에서는 "목숨을 끊어도 번뇌가 사라지지는 않는다."라고 합니다. 생명은 영원히 이어지며, 번뇌는 죽는다고 사라지는 게 아니기 때문입니다. 자살은 이번 생을 일찍 끝내는 방법일 뿐, 또 다른 생이 시작되면 번뇌가 다시 이어지게 마련입니다. 이번 생의 괴로움을 자살로 끊어 낸다 해도, 다음 생에서 또 다른 괴로움이 뒤따르는 법이지요.

사람은 살아 있는 것만으로도 가치가 있습니다. 비록 노년의 삶이 외롭고 쓸쓸해 보일지라도, 고독을 새로운 시각으로 바라보고 남을 위해 적극적으로 헌신한다면 삶의 아름다움을 느낄 수 있습니다.

깊은 고독 속으로 들어가 스스로를 단련하며
삶의 무상함을 마주할 용기를 길러라.
그것이야말로 진정한 내면의 풍요로움이다.

03
'고독'하되 '괴팍'하지 않을 수 있을까

괴팍한 사람은 오직 자기밖에 모르지만,

고독한 사람은

홀로 있어야 할 이유가 있을 뿐,

타인을 무시하지 않는다.

미국에 사는 한 화교 아이의 이야기입니다. 아이는 어려서부터 자폐 성향을 보였습니다. 누구와도 인사하지 않고, 부모와 대화도 거의 하지 않았습니다. 학교에서도 다른 아이들과 어울리지 않았습니다. 아이들이 놀 때는 그저 옆에서 구경하거나 아무도 없는 곳에 숨곤 했습니다.

지켜보는 부모로서는 애가 탈 수밖에 없었습니다. 그런데 성엄 스님은 그만의 방법으로 아이와 소통하기 시작했습니다. 그러면서 부모에게 아이의 친구를 초대하고 수시로 말을 걸어 보라고 했습니다. 처음에는 반응하지 않아도 끈기 있게 시도하면, 어느 순간 반응을 보이는 때가 오기 때문입니다.

자신만의 세계에 갇혀 외부와 소통하지 않는 사람 중에는 정말로 고독해 외부의 도움이 절실한 이들도 있습니다. 반면에 선천적인 성향이나 후천적인 환경 때문이 아니라, 자신을 지나치게 과대평가해 뭐라도 되는 양 남을 깔보고, 남과 어울리지 않는 사람도 있습니다. 콧대가 하늘을 찌르는 데다가 자비롭지도, 지혜롭지도 않으니, 다가오는 사람이 없고 제 발로 다가갈 리도 없어 갈수록 괴로워질 수밖에 없습니다.

식견이 높아 멀리 앞을 내다보거나, 권력을 지녀서 거드럭거리는 것과는 다릅니다. 그저 자신이 뛰어나다고 생각해 스스로 젠체하는 것이라, 남들의 인정은 받지 못합니다. 겉으로는 자기애가 넘쳐 보이지만, 사실은 열등감에서 비롯된 것입니다. 이런 사람은 '고독'한 것이 아니라 '괴팍'한 것입니다.

괴팍과 고독은 엄연히 다릅니다. 괴팍한 사람은 오직 자기밖에 모르지만, 고독한 사람은 홀로 있어야 할 이유가 있을 뿐, 타인을 무시하지 않습니다.

고독은 그저 잠시 타인과 떨어져 있는 것뿐입니다. 자발적으로 거리를 두고 자신을 갈고닦는 과정이며, 결코 제 한 몸을 위한 게 아니라 모두의 삶을 이롭게 하려는 마음이 담겨 있습니다.

04

외로워하는 자녀를 도울 방법이 있을까

요즘은 가정마다 자녀가 많지도 않고, 이웃과 서로 얼굴도 모르고 지내는 경우도 많습니다. 그래서 많은 부모가 함께 놀 친구가 없는 자녀의 '고독'을 일시적으로 해결하기 위해 TV나 태블릿 PC 앞에 데려다 놓습니다. 하지만 그렇게 자란 아이들은 온종일 인터넷 영상이나 게임에만 의존하게 되고, 결국은 부모 자식 사이마저 멀어집니다.

부모는 자녀를 외로움의 늪에서 건질 책임이 있습니다. 따라서 온 힘을 다해 자녀가 사랑과 온기를 느끼며 자라도록 애써야 합니다. 그래야 아이가 평온하고 안정된 성격을 가지고, 낯선 외부 세계와 마주할 수 있습니다.

아이의 눈으로 보고,

아이의 입장에 서서,

아이의 말로써 아이가 좋아하는 일을 하라.
어른이 아이에게 바라는 일을 강요하지 마라.

이것은 불교에서 말하는 '사섭법四攝法' 중 '동사섭同事攝'의 개념과
도 연결됩니다. '사섭법'은 보살이 중생을 이롭게 하고, 그들이 기꺼이
보살의 가르침을 받아들이게 하기 위한 네 가지 방법입니다. 그 네 가
지는 '보시섭布施攝', '애어섭愛語攝', '이행섭利行攝', '동사섭同事攝'을 말합
니다. 간단히 말하면, '보시섭'은 자신의 지혜와 재물, 체력을 필요한 사
람과 나누는 것이고, '애어섭'은 부드럽고 따뜻한 말로 상대에게 용기
를 주고 친밀한 마음을 갖게 하는 것이지요. 또한 '이행섭'은 타인을 돕
고 그들에게 유익한 일을 하는 것입니다. '동사섭'은 단순히 함께 일하
는 것이 아니라 상대가 받아들일 수 있는 방식으로 소통해 진심으로
감화시키는 것입니다.

자녀를 바꾸려면 먼저 함께 있어 주어야 합니다. 함께 시간을 보내
며 아이의 모습을 보고, 필요를 이해하고, 역할을 대신해 보는 것이 중
요합니다. 또한 부모가 먼저 본보기가 되어야 합니다. "웃어른에게 인
사를 잘해야 한다."라고 자녀를 다그치면서, 정작 자신은 남에게 인사
를 안 하는 부모도 있습니다. 그런 부모에게서 자란 아이가 인사성이
밝을 리 없지요.

부모가 기본적인 예절 교육조차 소홀히 하고, 남에게 불친절하며,
자녀에게 인사하는 법을 가르치지 않는다면 어떻게 될까요? 아이는 점

점 자신밖에 모른 채 안하무인의 성품을 갖게 되고, 타인을 배려하지 않고 사회와 동떨어진 삶을 살게 됩니다.

부모가 자녀 앞에서 친척이든 친구든, 아는 사람이든 모르는 사람이든, 먼저 인사를 건네면 상대방도 인사를 받아 줄 것입니다. 아이는 그런 모습을 보며 자연스럽게 사람 사이의 선의를 배우게 됩니다.

아이들이 선의가 넘치는 환경에서 자라야
심리적 안정감을 느끼고,
세상에는 아름다운 면이 있다는 것을 알게 되며
사람들과 어울릴 용기를 내고,
자신만의 세상을 만들 수 있다.

05

고독은 육체적인 것인가, 심리적인 것인가

고독은 혼자일 때 느끼는 외로움을 말하기도 하지만, 사람들 속에 섞여 있어도 어울리지 못할 때 느끼는 소외감을 말하기도 합니다. 즉, 고독은 육체적인 것일 수도 있고 심리적인 것일 수도 있으며, 그 두 가지가 서로 영향을 주고받기도 합니다. 그러나 고독이 항상 부정적인 것만은 아닙니다. 고독의 힘을 잘 활용하면, 자아를 성장시키는 중요한 수행이 되기도 합니다.

성엄 스님은 고독의 형태를 몇 가지로 나눴는데, 그 첫 번째는 '능동적 고독'입니다. 일부러 외부와 적당한 거리를 두고 무의미한 접촉과 상호 관계를 피하는 것을 말합니다. 예를 들어 수행자는 반드시 고독해야 합니다. 수행 과정에서 일부러 속세를 벗어나 세상과 단절된 생활을 하기에 곁에서 보면 고독해 보입니다. 몸만 고독한 것이 아니라 마음도 고독합니다.

자신을 더 또렷이 보는 한편,

이 세상을 더 깊이 통찰하기 위해

잠시 홀로 고요히 지내며,

자신을 고독하게 해야 한다.

그래서 참선할 때는 '아란야阿蘭若', 즉 사람의 발길이 닿지 않는 곳, 사람의 말소리나 닭, 개, 소의 울음소리조차 들리지 않는 곳에 있어야 합니다. 이런 곳에서 참선하면 마음이 고요해져 '삼매三昧'에 들 수 있습니다.

'삼매'는 산스크리트어로 '마음을 한 곳에 집중하는 것'을 의미합니다. 예를 들어 염불할 때, 다른 생각은 하지 않고 오직 아미타불만 생각하는 것인데, 그러다 보면 번뇌와 망상이 사라지고 업業을 지우고 깨달음을 얻는 데 그치지 않고 정토에 태어나 부처가 될 수도 있습니다.

그래서 수많은 수행자가 일부러 외진 곳을 찾아가 자신을 고립시킵니다. 몸과 마음을 고립시키는 법을 알아야 하는 것이지요. 원래 몸과 마음은 나눌 수 없지만, 수행 중에는 의도적으로 떼어 놓아야 합니다.

마음이 툭하면 몸을 따라가 아픔, 가려움, 저림, 배고픔, 목마름, 불편함 등을 떠올려서는 안 됩니다. 이런 감각을 모두 차단하고, 오직 '지금, 이 순간'에만 집중해야 합니다.

고독이 이 수준에 이르면, 사람과 사회, 세상이 완전히 달리 보입니다. 처음에는 스스로 생각하지 않고 기존의 질서와 세속의 영향을 받기에 똑바로 볼 수 없으나, 수행을 통해 삼매에 들면 세상이 새롭게 보입니다.

전념前念은 이미 지나갔고,
후념後念은 아직 생기지 않았음을 깨달아
현재라는 생각만 남긴다.
그래야 삼매에 들어
진정한 고요함의 경지에 이를 수 있다.

06

깊은 고독이 성장의 밑거름이 될까

고독을 꿰뚫어 보고 이해해야만,
인생의 참모습을 마주할 용기가 생긴다.
감정을 적극적으로 다루고,
고독을 긍정적인 힘으로 바꿔야 한다.

고독의 첫 번째 형태는 '능동적 고독'이고, 두 번째 형태는 '수동적 고
독'입니다. 늘 곁에 있던 사람이 갑자기 떠나면 고독감이 밀려듭니다.
예를 들어, 자녀가 어머니 곁을 떠나거나 부부가 떨어져 있게 될 때 상
실감에 시달립니다. 순풍의 돛 단 듯 잘 나갈 때는 다들 문턱이 닳도록
찾아오고 그저 "네 말이 옳다."라고 해 주지만, 곤경에 빠지면 누구 하
나 돌아봐 주지 않고 가족조차 남남이 되고 맙니다.

어떤 사람들은 고독감이 들면 친지와 대화를 나누고, 의지할 사람
조차 찾기 힘들면 반려동물이라도 곁에 두려 하지요. 이처럼 감정적으

로 의지할 데 없이 외로워하는 것은 수동적 고독입니다. 학교에서 친구들에게 따돌림을 당해 느끼는 외로움도 수동적 고독에 속합니다.

고독의 세 번째 형태는 '사상적 고독'입니다. 지적 수준이 유달리 높거나 깊은 사고를 하는 사람은 세상을 보는 시각이 남다릅니다. 그러다 보면 늘 '나만 깨어 있다'라는 느낌을 받고 성급히 자신의 포부와 이념을 밝히려 하며, 남들과 대화할 때도 '세상을 구할 방법'에만 초점을 맞추어 알아듣는 사람도, 귀를 기울이는 사람도 별로 없습니다.

감정을 잘 다스리지 못하면 삶을 극단적으로 대하게 됩니다. 예를 들어, 멱라강汨羅江에 몸을 던진 굴원屈原과 유명한 혁명가 중 몇몇도, 공감과 지지를 얻지 못해 결국 열사烈士가 되었지요. 내면의 고독을 다스릴 줄 몰라 원대한 뜻을 이루지 못한 채 죽음을 결심하며 "원하는 바를 이뤘다."라고 자신을 위로했습니다.

네 번째 형태는 '권력의 고독'입니다. 높은 지위에 있는 사람은 그로 인한 두려움이 있습니다. 누구 하나 감히 조언해 주려 하지 않을 뿐더러, 진심으로 대화할 사람도 곁에 없습니다. 일부러 몸을 낮추고 허심탄회하게 대화를 나누려 해도 모두 눈을 피하기만 합니다. 어쩌다 찾아오는 사람도 뭔가를 물어보거나 부탁하거나 기대려는 의도가 있을 뿐입니다. 사람들은 그저 습관적으로 아첨하려 합니다. 그래서 온종일 사람들에 둘러싸여 있어도 내면은 항상 공허합니다.

가장 전형적인 예로 고대 황제가 자신을 부른 호칭인 '고가孤家'를 들 수 있습니다. 황제의 삶은 고독 그 자체였습니다. 황제를 모시는 것은 호랑이를 모시는 것과 같았으며, 말 한마디 잘못했다가는 그대로 황천길로 갈 수도 있었지요. 그러니 누가 감히 황제를 진심으로 대할 수 있었겠습니까? 따라서 권력과 고독은 떼려야 뗄 수 없는 밀접한 관계였습니다.

고대 전제 군주제 사회에서 이런 권력으로 인한 고독감은 군주가 선택할 수 있는 것이 아니었습니다. 그러나 현대 사회에서는 이처럼 권력을 가졌다고 고독한 사람이 되어서는 안 됩니다. 강한 권력을 가졌다고 타인을 함부로 대해서는 안 되며, 남의 말에 귀를 기울여야 합니다. 하지만 안타깝게도 경영자 중에는 아직도 독단적인 성향으로 인해, 고대의 황제 못지않게 외로운 사람도 있습니다.

앞서 말한 네 가지 형태의 고독을 꿰뚫어 보면 인생의 참모습을 더 용기 있게 마주할 수 있습니다. 어떤 형태의 고독이든 잘 다루지 않으면 부정적이거나 극단적인 생각에 빠질 수 있습니다. 하지만 감정을 적극적으로 마주하고 잘 처리하는 방법을 알면, 고독이 오히려 긍정적인 힘으로 바뀌기도 합니다.

07
나만의 고요를 느끼는 방법이 있을까

잠수하듯, 고독의 밑바닥까지 내려가야만

가장 진실한 자아가 떠오른다.

언젠가 TV 프로그램에 출연해 록 가수 '우바이伍佰'를 만난 적이 있습니다. 그는 "새 앨범을 낼 때마다 폐관閉關(일정 기간 독방에서 '나'를 찾아 명상하는 불교 수행 중 하나)의 시간을 갖고, 삶의 경험이나 느낌을 정리한다."라고 말하더군요. 폐관이라고 해서 작은 방구석에 자신을 가두는 것이 아니라 차를 몰고 대만 동부의 한적한 곳으로 떠나는데, "차들이 오가는 도로 위 작은 공간 안에서, 마치 잠수하듯 고독의 밑바닥까지 내려가면 가장 진실한 자아가 떠오른다."라고 했습니다.

내가 매우 좋아하는 작가이자 편집자인 쑤웨이전蘇偉貞도 홍콩 근처의 외딴섬에 장기간 머물며 장편소설 『침묵의 섬』을 집필했다고 합니다. 이처럼 세상과 자신을 의도적으로 단절시키는 행위는 모두 '능동적 고독'이며, 내면을 가라앉혀 자신을 투명하게 만듭니다. 비록 소설을 쓰는 내내 섬에만 머문 것은 아니지만, 작은 섬의 고독이 행간에 스며들어 책장을 펼칠 때마다 축축하고 짭짤한 공기가 느껴지는 듯합니다.

이처럼 단기적 폐관은 영혼에 세례가 스며드는 시간으로, 글쓰기의 혈류가 되어 문장에 영혼을 불어 넣습니다.

'재가인在家人'의 비공식 단기 폐관과 '출가인出家人'의 정식 장기 폐관은 다릅니다. 성엄 스님은 자발적으로 무려 6년에 걸친 폐관에 든 적이 있습니다. 스님은 오랫동안 좁은 방에서 정정定靜하면서도 자기 자신과 잘 지내려면 '의지'가 관건이라고 했습니다. 억지로 6년이나 갇혀 지내는 것은 감옥살이나 다를 바 없으며, 때로는 감옥살이보다 더 고통스러웠을 것입니다. 감옥에는 간수도 있고 다른 죄수도 있으며, 제한적이나마 콧바람도 쐴 수 있습니다. 그러나 수행자는 '폐관'에 들면 사람 구경하기가 무척 어렵습니다. 물론 하루에 두 번씩 물과 식사를 가져오는 사람이 있지만, 그마저도 작은 창문으로 들이밀 뿐 사람 그림자도 볼 수 없고 말도 섞을 수 없습니다.

이런 능동적 고독에는 강한 의지가 필요하지요. 그러므로 오롯이 스스로 원해서, 능동적으로 고독한 환경에 있기를 갈망하는 힘을 기르는 것이 무엇보다 중요합니다.

08

능동적 고독을 통해 다다를 수 있는
심신의 경지는 어디일까

폐관은, 타인의 눈으로 보면 좁은 방만 보이지만,

자신의 마음으로 보면 드넓은 세상이 보인다.

벽을 타고 기어가는 개미도, 창밖을 스쳐 날아가는 새 그림자도

우주의 다양한 모습이다.

온 마음으로 느끼면 적막감은 먼 이야기요,

한없이 자유롭고 편안해진다.

성엄 스님은 폐관에 들었을 때의 경험을 이렇게 이야기합니다.

"홀로 좁은 방에 들어앉아 좌선하든, 경문을 읽든, 글을 쓰든, 마치 옛 선인들과 어울리고 노니는 듯했지요. 온 우주를 마음에 담으니, 갇혀 있다는 느낌이 전혀 들지 않더군요."

눈으로만 보고 귀로만 들으면, 우리는 너무도 방대한 우주를 극히 제한적으로만 느낄 수 있습니다. 그러나 마음으로 세상을 경험하면, 시

간과 공간의 경계를 뛰어넘어 한없이 심오하고 광대한 세상이 느껴집니다.

물론 폐관에 들기 전에 충분한 준비가 필요합니다. 타인의 경험도 들어야, 홀로 방에 갇혀 지내면서도 심신을 조화롭게 다스리는 법도 알게 됩니다.

마음을 다스린다는 것은, 마음에 모순이 일자마자 스스로 감정을 평안히 가라앉히는 것을 말합니다. 그리고 몸을 다스린다는 것은, 예불과 좌선으로 숨결, 근육, 신경, 골격을 다스리는 것입니다. 심신이 모두 평온해야 폐관 수행을 이어 갈 수 있어요.

폐관에 들면 환청, 환시, 환각이 수시로 나타날 수 있습니다. 이를 두고 흔히들 '마경魔境'이라고 합니다. 사실 '마경'은 심신의 자연스러운 반응이며, 이를 제대로 다스리기 위해서는 수행과 불법이 전제되어야 합니다. 또 산중에 홀로 있다면, 기본적인 의료 상식을 갖춰야 합니다.

출가인의 능동적 고독은 자발적으로 세상과 단절된 폐관 상태에 들어 수행을 꾸준히 이어 가기 위해서입니다. 이는 개인의 원력願力(원하는 바를 이루려는 마음의 힘)과 밀접한 관계가 있습니다. 원력이 강하면 어떤 어려움도 이겨 낼 수 있습니다. 성엄 스님은 사람마다 차이는 있으나 대개 원력으로 극복할 수 있다고 했습니다. 원력이 있으면 정력定力(어지러운 생각을 없애고 마음을 한 곳에 쏟는 힘)이 생기지요.

09

마음 가는 대로 누리는 고독은
어떤 모습인가

> 자신을 정진하고자 하는 사람은 시끌벅적한 곳도 꺼리지 않지만,
>
> 언제든 고독 속으로 들어갈 수도 있다.
>
> 이는 오롯이 자의에 따른 선택이며
>
> 언제, 어떤 일을 할지는 전혀 제한받지 않는다.

집에 몇 시간 또는 며칠만 있어도 온몸이 근질근질하고 답답한 사람은 고독을 견디지 못하는 부류입니다. 『수호지』에 나오는 양산박梁山泊의 흑선풍黑旋風과 노지심魯智深처럼 한시도 가만히 못 있는 사람이라면, 억지로 글을 읽게 한들 글자가 눈에 들어오지 않을 수밖에요. 반면에 독서를 즐기는 사람에게는 행간에 파묻히는 것이 쇼핑이나 영화 관람보다 더 재미난, 그야말로 더할 나위 없는 즐거움입니다.

수행자는 반드시 세상과 단절된 고독한 환경을 찾아가야 합니다.

외부의 어떤 방해에도 흔들리지 않을 자신이 있다고 장담하지 마세요. 내공이 부족하면, 별것 아닌 일에도 갈대처럼 흔들리기 마련입니다.

상갓집에서 망자를 위해 독경해 주는 스님이 있었습니다. 그런데 수행 끝에 큰스님이 된 사람을 보고, 갑자기 자신의 일이 싫어져, 그만두고 폐관 수행에 들어갔습니다. 그러나 원력은 물론이고 사전 준비도 부족했던 탓에, 좁은 방에 갇혀 있으려니 경문을 읽어도 그 뜻을 모르겠고 좌선해도 마음이 흐트러졌지요. 결국 몇 달 되지도 않아 심란함이 극에 달해 예불만 올려도 머리가 아플 지경이 되었습니다.

답답한 마음을 달래려 방에 작은 라디오를 들여놓고 농구 경기 중계방송을 들었습니다. 농구 시즌이 끝나고 무료함에 시달리던 그는 이번에는 만담 프로그램에 재미를 붙였습니다. 그것도 질려 더는 견딜 수 없게 되자, 마침내 몰래 벽에 구멍을 뚫고 방을 빠져나가고 맙니다. 이 스님처럼 수행법도 모르면서 아무 준비도 하지 않았고, 도와줄 사람도 없다면 폐관 수행은 꿈도 꾸지 말아야 합니다.

10

반대에 부딪힐 때 고수할 것인가,
타협할 것인가

수행은 고독을 기꺼이 받아들이고, 고요히 자신과 마주해 삶을 성찰하는 것입니다. 성엄 스님은 폐관 수행에 든 6년 동안 라디오나 신문은커녕, 서신 왕래조차 최소한으로 줄였습니다. 그렇게 철저히 자신을 세상으로부터 고립시켜야만 수행에 전념할 수 있습니다.

나는 성엄 스님이 폐관에 든 시간이 석가모니 부처님이 보리수 아래에서 깨달음을 얻기 전에 고행한 시간과 같다는 점이 몹시 인상 깊었습니다. 내가 그 점을 이야기하자, 성엄 스님은 미소를 지으며 "그것도 다 인연입니다."라고 답하셨지요.

처음 3년간의 폐관 수행을 마치고 밖으로 나왔던 스님은 다시 문을 걸어 잠그고 들어가 3년 더 수행을 했습니다. 스님은 계속 폐관을 이어가고 싶었지만 마침 일본 유학 제의가 들어 왔고, 쉽게 오지 않을 기회임을 깨달은 스님은 문밖으로 나가기로 마음먹었습니다. 일본에서 학업을 마친 뒤에는 또 다른 인연으로 미국에 가게 되었고, 대만으로 돌아

온 뒤에는 강연과 교육에 힘썼습니다. 이때도 '폐관 수행'을 하고 싶은 마음은 굴뚝같았으나, 그럴 시간도 기회도 없어 뜻을 이룰 수 없었지요.

혼자서 중대한 결정을 내릴 때, 어느 쪽이 좋을지 판단하기 어렵습니다. 성엄 스님이 일본 유학을 떠나기 직전, 갑자기 누군가가 이 유학의 동기와 의미를 이해하지 못하겠다며 반대하고 나섰습니다. 심지어 유학 경비를 대겠다던 후원자까지 발을 뺐습니다. 이런 상황에서 '대만에 남는 것'과 '일본 유학' 중 어느 쪽이 현명한 결정이었을까요? 성엄 스님은 그때의 결정을 떠올리며 단호히 말했습니다.

"일본에 가서 불법을 공부하고 널리 알리는 것은 꼭 해야 할 일이었습니다. 경제적 지원이 끊겼지만 이미 결정된 일을 되돌릴 수는 없었지요. 경비 부족과 불법 선양을 비교하자면, 경비는 입에 올리기도 민망한 문제였습니다. 뭔가 다른 수단을 찾아보면, 틀림없이 문제를 해결할 수 있을 터였어요. 게다가 입학 수속도 이미 끝났고 함께 공부할 이들이 나를 기다리고 있었기에, 원래 뜻한 바대로 일본으로 향했습니다."

인연은 그를 둘러싼 전체적인 환경과 조건을 고려해야 합니다. 각각의 요인이 서로 어떤 식으로든 연관되어 있을 테지만, 어느 한 가지 사건이나 상황 때문에 포기해서는 안 되지요.

모두가 반대하는 결정은 고독한 선택일 수 있으나
인연을 따라가다 보면,
나를 가장 잘 아는 사람은 결국 나였음을 알게 된다.

11

버림받았다는 절망감에서 벗어나려면
어떻게 해야 할까

겸허히 참회하라.

무작정 후회부터 하지 말고 자신을 돌아보라.

그렇다고 자신을 부정하지는 마라.

이혼을 하거나 연인에게 버림받았을 때, 어느 날 갑자기 직장에서 해고당했을 때 으레 실의와 부정적인 감정에 빠져들고 맙니다. 억울하고 화가 날 뿐 아니라, 불공정한 것 같고 자신이 무능하고 불필요한 존재가 된 것 같은 생각이 들기도 하지요. 이런 수동적 고독에서 벗어나려면 어떻게 해야 할까요?

성엄 스님은 "마음을 가라앉히고, 수동적 고독을 능동적 고독으로 바꾸라."라고 조언합니다. 회사에서 해고당하거나 연인에게 버림받거나 친구에게 배신당하면, 먼저 그 책임이 나에게 있는지, 상대방에게 있는지를 따져 봐야 합니다. 만약 내 탓이라면 그 경험을 소중히 여기고 교훈을 얻어야 훗날 같은 실수를 저지르지 않을 수 있습니다.

인생에서 수동적 고독을 마주하면, 우선 스스로 돌아보되 자신을 부정해서는 안 됩니다. 겸허히 참회할 수는 있지만, 무작정 후회부터 할 필요는 없습니다.

내 잘못이거나 미진한 부분이 있었다면 고치면 됩니다. 상대방의 잘못이라면, 절대로 자신을 벌해서는 안 되겠지요. 오히려 무가치한 대상이나 관계에 더 많은 시간을 허비하지 않게 된 것을 다행으로 여겨야 합니다. 그 대상은 노력할 가치가 없는 사람이었고, 그 관계는 지속할 가치가 없기 때문입니다. 이러한 사고방식은 수동적 고독을 겪을 때 반드시 갖추어야 할 기본적인 마음가짐입니다.

12

남들이 이해해 주지 않을 때는
어떻게 해야 할까

세상에는 세 가지 유형의 사람이 있습니다. '선지선각先知先覺' '후지후각後知後覺' '부지불각不知不覺'의 사람입니다. 선지선각의 사람은 수백 년 앞을 내다보고 살아가는 까닭에 미래를 살아가는 후세조차도 따라잡기 어려울 만큼 생각이 앞서갑니다. 후지후각의 사람은 경험한 다음에야 생각하고 깨닫는 사람이고, 부지불각의 사람은 경험하기 전에도 모르고 경험한 뒤에도 모르는 우매한 사람이라 할 수 있습니다.

사상적 고독은 하나의 등불이요, 지표입니다. 어쩌면 모두가 그 방향으로 나아가야 하겠지만, 지금 당장 완성되는 것도 아니고 증명하기도 어렵습니다.

만약 늘 이런 사상적 고독에 시달리고 있다면, 후지후각의 사람과 부지불각의 사람을 움직여야 합니다. 먼저 후지후각의 사람을 훈련해 그들이 인식하고 동의하게 만든 다음, 부지불각의 사람을 후지후각의 사람으로 변화시키는 것입니다. 몇 사람이 먼저 하면 그 뒤를 따르는 이들이 생길 테고, 그러면 시대는 점점 앞으로 나아가게 됩니다.

석가모니 부처님은 모든 중생을 구제하려는 이상을 품었으나, 이는 지금까지도 이루어지지 않았습니다. 그러나 그가 전한 가르침은 긴긴 세월 동안 많은 이에게 도움을 주었습니다. 전 세계 불자의 수가 많지는 않으나, 바로 그런 까닭에 부처님의 가르침을 널리 알리는 데 더욱 힘써야 합니다.

따라서 사상적으로 앞선 사람은 석가모니 부처님의 정신을 배우는 데 더 많은 시간과 노력을 기울이고 교육과 홍보, 소통에 힘써야 합니다. 그렇다고 폭력적인 수단을 동원해서는 안 되며, 나의 이상을 남에게 강요해 상대를 난처하게 해서도 안 됩니다.

> 사상적으로 고독한 사람은
> 열정적인 행동으로 내면의 고독을 없애야 한다.
> 그래야만 긴긴 여정을 꿋꿋이 이어 갈 수 있다.

환경 보호를 예로 들어 볼까요. 과거에 사람들은 환경 보호에 대한 인식이 부족한 탓에 적극적으로 참여하지 않았습니다. 성엄 스님은 오래전부터 '영혼의 환경 보호'를 외쳤고, 몇 해 전부터 "생명을 소중히 여기자, 자살 외에도 길이 있다."라고 목소리를 높였습니다. 덕분에 최근 들어 사람들이 환경과 생명의 중요성을 깨닫기 시작했습니다. 오랜 시간 공을 들이면 느리더라도 노력의 결과가 나타납니다.

'세븐일레븐7-ELEVEN'의 대만 운영권을 가진 유니프레지던트Uni-President(대만의 식품 생산 기업)의 전 CEO 쉬충런徐重仁이 처음 대만 시장 개척에 나섰을 때 주변에서는 그를 이해하지 못했습니다. 무려 6년 동안 적자를 면치 못했지만, 회사 대표도 그를 지지했고 그 역시 앞으로 몇 년만 더 노력하면 소비자의 신뢰를 얻을 수 있으리라 확신했습니다.

그렇게 6년 동안 고독한 싸움을 이어 가면서, 그는 단 한 번도 성공을 의심하지 않았습니다. 결국 지금 '세븐일레븐'은 눈만 돌리면 어디서나 찾을 수 있는, 대만 내 시장점유율 1위의 편의점이자, 창업을 고민하는 이들이 많이 떠올리는 가맹점이 되었습니다.

환경 보호를 외치든, 영혼의 환경 보호를 외치든, 편의점을 운영하든, 얼핏 복합적인 고독으로 보이는 이런 중대한 문제들은 사상적 고독에 권력의 고독이 더해진 형태입니다.

중대한 결정을 내릴 때는
권력을 남용하지 말 것,
사적인 욕심이 아니라 공익을 우선할 것,
지금 당장 이해와 지지를 받지 못하더라도
고독이 두려워 물러서지 말 것을 마음에 새겨야 한다.

13
독단에 빠지지 않으려면 어떻게 해야 할까

'높은 곳에 있으면 추위를 견디기 어렵다'고들 합니다. 그러나 지위가 높은 사람이 느끼는 고독감은 높은 지위가 아니라 부당하게 휘두르는 권력에서 비롯된 것일 수 있습니다.

정계, 재계, 사회, 문화계에서 한자리씩 한다는 사람 중에는 독단적으로 의사 결정을 하는 사람이 있습니다. 문제는 그들의 직위나 이념이 아니라 권력을 휘두르는 방식에 있습니다. 과거 전제주의 시대에는 고압적으로 찍어 누르면 정권을 유지하는 데 도움이 되기도 했습니다. 그러나 지금은 민주주의 시대이며, 기업도 수평적 조직 문화를 지향하고 있습니다. 그런데도 계속 독단적으로 행동한다면 고립을 자초하는 것이며, 주변 사람들로부터 외면당해 자신이 처한 환경에서도 큰 충돌을 경험하게 됩니다.

독단적인 권력자는

개인의 성취가 아니라, 대중의 행복에 주목해야 한다.

이밖에, 독단의 결과가 긍정적인 이익을 가져왔는지, 부정적인 영향을 끼쳤는지도 확인해야 합니다. 기업 총수는 대개 일반 직원보다 더 멀리 보고, 더 새로운 아이디어를 떠올리며, 구체적인 계획을 세운 후 과감히 실행합니다. 그렇게 미래의 이윤이 보장될 것이라 확신하고, 그로 인한 성과를 모두와 함께 나누려 하지요.

탁월한 식견을 가진 사람은 견해가 남다른 경우가 많아 외로울 수 있습니다. 그러나 그런 사람이 앞을 내다볼 줄 모르는 무리를 이끈다면, 특권을 휘두른다고 해서 나쁘게 볼 수는 없습니다. 그들과 독단적인 폭군 간의 가장 큰 차이는, 바로 성취의 동기일 것입니다. 독단적으로 권력을 행사하는 이유가 대중의 행복을 위해서인가, 아니면 개인의 성취를 위해서인가가 매우 중요합니다.

14
함께할 사람이 있어도 굳이 고독해야 할까

함께 배우고 수행할 동료가 있더라도,
나 홀로 해야 할 일이 따로 있다.

꿈을 이뤄 가는 긴 여정에서, 고독이 수행에 유익한 것은 분명한 사실입니다. 뜻이 맞는 동료가 있다면, 적절할 때 서로 도움을 주고 정기적으로 단체 수행에 참여하는 것도 좋은 방법입니다. 자신도 정진할 수있으며, 서로에게 자극과 격려가 되기도 하기 때문입니다.

수행 방식은 홀로 수행하는 것과 단체에 소속되어 함께 수행하는 것으로 나눌 수 있습니다. 함께 수행할 동료를 찾았어도 홀로 해야 할 일들이 있습니다. 아침저녁으로 하는 좌선, 예불, 독송을 하루도 빠짐없이 꾸준히 해야 합니다. 수행자는 다음 사항을 시시때때로 되새겨야 합니다.

'수행을 게으르게 해서는 안 된다. 도리에 어긋나는 언행을 해서는

안 되며 자신과 타인에게 해가 되는 일을 해서는 안 된다.'

불교의 단체 수행 방식은 기독교와 사뭇 다릅니다. 주변의 기독교인 친구들을 보면, 매주 교회에 가서 예배를 드립니다. 목사님의 설교를 듣고 찬송가도 부르고, 일상의 경험을 서로 나누며 때로는 손을 들고 죄를 참회하기도 합니다.

반면 불교의 단체 수행을 보면, 깨달은 바를 공유할 때만 이야기를 나눌 수 있고 법회에서 독경하거나 좌선할 때는 침묵해야 합니다. 여기에는 '수행 중에도 자신을 들여다보고, 내면에 집중하라'라는 의미가 담겨 있습니다. 단체 수행을 할 때도 마찬가지입니다.

단체 수행의 가장 큰 장점은 집단의 힘으로 개인의 수행을 장려하는 한편, 개인에게 제약을 걸 수도 있다는 점입니다. 홀로 수행할 때보다 단체로 수행할 때, 집중력과 감응력이 훨씬 큽니다. 매주 한두 시간씩 수행 모임에 참가하거나 한두 달에 한 번씩, 분기에 한 번씩 '삼일 참선禪三' '칠일 참선禪七' 또는 '칠일 염불佛七'에 동참하면, 몸과 마음이 정화되어 평온을 되찾을 수 있습니다.

15

마음의 파장이 맞지 않는 사람과
굳이 함께해야 할까

자비로운 마음으로 서로 포용해야

함께 성장할 수 있다.

사람들은 종종 마음의 파장이 비슷한 사람을 찾느라, 오히려 적당한 짝을 찾지 못합니다. 성엄 스님은 이렇게 말했습니다.

"마음의 파장이 완전히 같은 사람은 없습니다. 뜻이 맞고 서로 힘이 된다면, 그걸로 충분합니다."

굳이 마음의 파장이 비슷한 사람을 찾아야 할까요? 지향하는 바가 같고 생각의 결이 비슷하면, 함께 수행할 동반자가 될 수 있습니다.

두 사람 중 한쪽이 처지고 다른 쪽이 뛰어나더라도 서로 도움이 될 수 있습니다. 처지는 쪽은 도움을 받을 수 있고 뛰어난 쪽은 짝을 이끄는 과정에서 보리심菩提心을 내어 더 자비로워지고 함께 성장할 수 있지요.

불법을 배우든, 불경을 외든 함께할 동료를 찾는다면, 기준을 살짝 낮춰야 합니다. 현대 사회에서 고독한 사람이 많은 이유는 친구든, 애인이든, 수행의 동반자든 함께할 사람에 대한 요구가 너무 까다로워, 기준에 도달한 상대만 자신이 그은 선 안에 들이기 때문입니다. 그래서 인간관계에서 피로를 느끼고 쉽게 실망하고 말지요.

불교의 기본 가르침은 자비심과 지혜를 갖는 것이다.
남에게 지나치게 엄격한 것은 자비롭지도, 지혜롭지도 않은
행동이다.

동료보다 뛰어나다고 느끼는 사람은 상대를 도우면서도 과도한 기대를 품습니다. 그래서 '내가 이렇게 도와주는데 겨우 이 정도밖에 못 하나'라는 생각에 스스로 번뇌를 키웁니다. 이는 지혜롭지 못한 태도입니다. 상대가 배움이 느리고 정진에 한계가 있는 것은, 당신의 선근善根 (선을 행하게 하는 근본)은 깊지만 상대의 선근은 얕은 탓이거나, 당신은 불법을 빨리 받아들이는데 상대는 느리게 배우는 탓일 수 있으므로 최선을 다해 도와야 합니다. 이것이 바로 자비의 실천입니다.

16

외로움에 갇혀 무기력해질 때는
어떻게 해야 할까

고독감에서 벗어나려면
'수동적 고독'이 '능동적 고독'이 되어야 한다.

인구 고령화로 인해 홀로 지내는 노인 인구가 더 늘어날 것이라고들 합니다. 우리 사회를 둘러보면, 성인이 된 자녀가 부모에게 의존해 살아가는 경우가 적지 않습니다. 부모는 자식을 위해 반평생을 바치고도, 노인이 되었을 때 제대로 보살핌받지 못할 수도 있지요. 요양원으로 보내지는 노인의 경우, 생활 환경은 그럭저럭 괜찮을지 몰라도 자식들이 가끔 한 번씩 찾아올 뿐이고, 비슷한 나이대의 친구들이 있어도 사무치는 외로움을 어쩔 수가 없습니다.

성엄 스님은 "늙어서 자식에게 기댈 생각을 버리고, 혼자서도 잘 사는 법을 깨우치라."라고 말합니다. 운동, 악기, 그림, 화초 가꾸기 등과 같은 취미를 갖는 것이 가장 좋고, 반려동물을 기르는 것도 외로움을 달래는 데 도움이 됩니다.

성엄 스님은 특히 '평생 학습'을 강조하며 "무언가를 열심히 배우면 고독하지 않다."라고 말합니다.

> 적극적인 봉사 활동으로 사회에 이바지하면
> 자아효능감으로 인해 삶이 즐거워진다.
> 신앙을 갖는 것이 가장 좋다.
> 신앙은 몸과 마음에 진정한 평안을 불러온다.

성엄 스님과 대화를 나눌 때마다 그의 제자 과본 스님果本法師이 늘 옆에서 살뜰히 챙겨 줬습니다. 마침 노인들의 자원봉사 활동에 대해 이야기를 나누는데, 스님이 안도의 미소를 지었습니다.

그럴 만한 이유가 있었지요. 과본 스님의 어머니는 딸의 출가가 인연이 되어 법고산法鼓山으로 거처를 옮겼습니다. 여기에서 마당도 쓸고 채소도 기르고 수확도 하고 설거지도 하고 창문도 닦고 정원도 가꾸면서, 말년에 다시 인생의 의미와 가치를 되찾았다고 합니다.

여든이 넘어 교외의 요양원에서 생활하는 할머니가 있었습니다. 몸도 신통치 않고 눈도 어두웠으나 불법을 배운 뒤로는 남을 이롭게 하는 즐거움을 깨닫고 자발적으로 다른 노인들을 불러 모아 빨래, 이부자리 정리, 목욕 봉사를 했습니다. 스스로 나서서 거동이 불편한 노인들의 간병인이 된 것이지요.

　자식들에 의해 요양원에 보내진 처지는 똑같았으나, 할머니는 수
동적 고독을 능동적 고독으로 바꾸었어요. 마치 자발적으로 외딴곳에
머물며 타인을 위해 봉사하며 수행을 하는 것처럼, 더 이상 외로움을
느끼지 않게 되었습니다.

배움에 열중하면 고독을 느낄 틈이 없다.

CHAPTER 2

자유보다 중요한 것은
자재이다

막중한 책임이나 사명을 짊어지고도,
여전히 편안하고 자유로울 수 있을까?

성엄 스님과 '자유와 자재自在(불법 안에서 자유롭다는 뜻)'에 대해 깊은 대화를 나누기로 한 날, 아주 특별한 일이 벌어졌습니다.

한 기업의 초청으로 대만 전역에 있는 대리점 회의에서 영업 관리 강연을 하기로 되어 있었습니다. 그날 아침, 일찌감치 가오슝高雄에 도착했는데, 아무도 마중 나와 있지 않았습니다. 아니나 다를까, 강연 장소는 가오슝이 아니라 타이중臺中이었고, 이미 200여 명의 대리점 관계자가 회의장에서 나를 기다리고 있었습니다.

날짜와 장소를 잘못 알려 준 담당자는 안절부절못했습니다. 회의를 주최한 기업 대표 역시 속이 까맣게 타들어 갔을 것입니다. 다행히 다들 성숙하고 이해심 있는 사람들이었기에, 책임 소재를 따지고 잘잘못을 추궁하기보다 예정대로 강연을 진행할 묘책을 찾으려 애썼습니다.

우리는 전화상으로 긴급 대책 회의를 열고 해결책을 논의하기 시작했습니다. 나는 시간, 비용, 안전을 고려해 "내가 고속열차를 타고 타이중으로 가겠다."라고 제안했습니다. 기업에서도 이 결정을 받아들이고 회의 순서를 조정했습니다. 결국 나는 서둘러 타이중으로 건너가 순조롭게 강연을 마칠 수 있었습니다.

그 과정에서 엉망진창으로 꼬인 일정을 조정해야 했습니다. 표를 취소하고, 다시 예매하고, 타이중에서 타이베이臺北로 돌아갈 교통편을 알아보고, 일부 회의를 취소했습니다.

대외 업무를 도와주는 출판사 동료는 갑작스러운 일정 변경에 걱정을 감추지 못했습니다. 내가 식사는 물론이고, 물 마실 틈도 없이 걸음을 재촉하는 것이 여간 걱정스러운 게 아니었나 봅니다. 하지만 나는 아무렇지도 않았고 오히려 고마운 마음이 들었습니다. 그리하여 오후 4시 정각, 딱 맞게 성엄 스님을 찾아뵐 수 있었습니다.

툭하면 안달하고 조바심을 내던 내 안의 나는 급박한 상황에서 사고를 치는 대신, 자율적으로 감정의 방 안에 차분히 머물렀습니다. 내가 억지로 가두지도 않았고, 내 안의 내가 나오겠다고 소란을 피우지도 않았습니다. 그날의 상황을, 박자가 매우 빠른 곡의 중간에 조바꿈이 있는 경우에 비유한다면, 나는 휘몰아치듯 빠른 장단 속에서 한 음도 놓치지 않고 평온하고 가뿐하게 연주를 마친 셈입니다. 도대체 어떤 힘이 내가 그렇게 할 수 있도록 지탱해 준 걸까요?

그날 성엄 스님과의 대담에서 몇 가지 답을 얻었습니다. 알고 보니, 자유와 자재는 협력할 수 있으며, 서로 인과 관계였습니다.

공교롭게도, 그 전에 아무런 계획이나 준비가 없었음에도 오로지 인연에 따른 것인데, 대담을 마치고 나서 과본 스님과 상관常寬 스님이 돕고 성엄 스님이 지켜보는 가운데 '삼귀의계三歸依戒(승려로 귀의하는 의식)'를 마치고 법명 '상권常權'을 받아 정식으로 삼보제자三寶弟子가 되었습니다. 성엄 스님은 따로 당부하셨습니다.

"권權은 타인을 돕는 능력이 있다는 뜻입니다."

이는 그가 내게 거는 기대이면서, 나 스스로 하는 다짐이기도 했지요.

17

자율이 자유를 가져올 수 있을까

만사에 지나치게 엄격하면
스스로 자신을 옭아매어 자유로울 수 없다.

나는 개인의 품행은 물론이고 시간 관리나 처세에 있어서 '규범과 규율을 지키는 것이 중요하다'라고 굳게 믿어 왔습니다. 그런데 "스스로 자신을 옭아매고 가두는 것은 어리석은 짓"이라는 성엄 스님의 말씀에 정신이 번쩍 들었고, 큰 깨달음을 얻었습니다.

현대인이 자유롭지 못하다고 느끼는 데는 여러 가지 원인이 있습니다. 시간에 쫓겨서일 수도 있고, 주머니가 얄팍한 탓일 수도 있습니다. 하고 싶은 일을 할 수 없고, 가고 싶은 곳에 갈 수 없어서일 수도 있지요. 자신에게 높은 잣대를 들이대는 사람조차도 과거의 내가 그랬듯이, 타인의 기대에 너무 신경 쓰거나, 자신에게 무리한 요구를 하며 '기대에 못 미칠까 봐' 걱정하고 부자유하다고 느낍니다.

성엄 스님의 말씀에 따르면, 자유롭고 편안한 경지는 두 가지 수행의 힘에서 비롯됩니다. 하나는 '번뇌를 내려놓는 것'이고, 다른 하나는 '기대를 버리는 것'입니다.

번뇌가 많은 사람은 만사에 생각이 너무 많아 주변은 돌아보지 않고 자신을 옭아매는 데만 열중해 스스로 좁은 틀 안에 갇힙니다. 예를 들면, '시간 안에 목표를 완수해야 한다'라고 닦달하거나 '특정 상황에서 어떤 임무를 반드시 해내야 한다'라고 몰아붙이며 자신을 틀 안에 가두는 것이지요.

성엄 스님도 젊은 시절에는 자신에게 너무 엄격해 스스로 옭아맨 탓에 자유롭지 못했으나, 수행을 통해 '목표를 위해 자신을 옭아매는 것은 어리석은 짓'임을 깨달았다고 합니다.

그 옛날 자신을 옭아매던 성엄 스님은 이미 자신에게서 해방되어 세월의 흐름 속으로 사라진 지 오래이건만, 내 안에는 아직도 꽁꽁 묶인 내가 살고 있습니다. 그 사람은 참 순하고 신중하지만 자유롭지는 않습니다. 나는 지나친 규율 탓에 옴짝달싹 못 하는 나를 풀어 주고 싶습니다.

자신에게 엄격한 것은 바람직하지만, 할 일을 마친 다음에는 인연의 변화에 순응해 자유롭게 풀어 주어야 합니다. 자신에게 엄격한 잣대를 들이대는 것보다 '적당한 정도에서 만족하는 것'이 더 지혜로운 태도일 수 있습니다.

18

자신을 몰아세우지 않으려면
어떻게 해야 할까

앞으로 벌어질 일은 아무도 예측할 수 없습니다. 주변 환경, 건강 상태, 생활 여건, 보유 자원 등에 변화가 올 텐데, 미래를 정확히 내다보기란 불가능하지요. '다 잡은 물고기'라고 확신했다가 놓치는 일이 다반사고, 오히려 뜻밖의 인연을 통해 생각지도 못한 것을 얻기도 합니다.

스스로 몰아세우고 사소한 것에 집착하는 것은 자신을 함정에 빠트리는 것과 같이 안타깝고 가엾은 일입니다. 내려놓는 법을 배우려면, 시간과 범위를 정해 놓고 과도한 목표나 제 능력 밖의 일을 해내라고 스스로 다그쳐서는 안 됩니다.

목표를 분명히 정하고,
최선을 다하면 그만이다.
자질구레한 것으로 자신을 옭아매지 말고,
융통성을 발휘할 여지를 남겨 둬야 한다.

만약 예상치 못한 상황을 마주한다면, 관대하게 받아들이고 유연하게 대처해야 합니다. 자신의 마음가짐, 시간, 일, 나아가 모든 상황에서 벗어나세요.

성엄 스님은 "스스로 자신을 옭아매고 가두는 것은 어리석은 짓"이라고 했습니다. 이 말은 내 안의 지치고 불안한 나에게 봄바람처럼 따스한 위로를 안겨 주었습니다. 성엄 스님이 말한 자유는, 오래 수행을 통해 얻은 내공에서 비롯된 것이었지요. 아울러 이처럼 착실히 다진 기초는 확고한 자신감으로 이어졌습니다. 그러나 자신감이 부족했던 나는 자신을 아득바득 몰아세웠습니다.

'노력하지 않으면, 자기를 몰아세우지 않으면 다 망치고 말 것'이라는 두려움과 염려는 불필요한 스트레스를 불러옵니다. 정말로 중요한 것은 충분한 자신감입니다. 자신감이 있으면, 적절한 시기에 내려놓을 수 있습니다.

19

제약 없이,
하고 싶은 대로 다 하는 것이 자유인가

목표와 규범 없이 내키는 대로 사는 것은
자유가 아니라 방일이다.

IT 회사에 취업해 사회에 첫발을 내디딘 후 10년 넘게 직장 생활을 하다가 아마추어 작가로 전업할 수 있었던 것은, 사장님 대신 쓰게 된 한 편의 칼럼 덕분이었습니다. 칼럼을 쓰고 몇 년이 흐른 어느 날이었어요. 예전에 칼럼을 맡겼던 신문사가 사회면을 신설하기로 하고 이름난 작가에게 칼럼을 의뢰했는데 원고 마감을 차일피일 미루자, 만일의 사태를 우려한 편집장이 내게 원고 두 편을 부탁했습니다.

글솜씨에 자신이 없었던 나는 열 편이나 써 보냈는데 다행히 모두 통과했습니다. 그런데 그 작가가 좀처럼 원고를 보낼 기미가 보이지 않았습니다. 결국 편집장은 혹시 몰라 마련해 둔 내 원고를 지면에 실었습니다. 그래서 나는 독자들에게 이런 농담을 자주 합니다.

"사실 저는 글재주가 좋아서가 아니라 마감 시간을 잘 지킨 덕분에 신문에 글을 쓸 수 있었어요."

성엄 스님께서도 칼럼을 썼던 경험을 들려주었습니다. 신문사에서 칼럼 마감 시간을 알려 주면 그때부터 펜을 잡고 몇 분 만에 완성해 바로 보내기 때문에 당황할 일이 거의 없다고 했습니다. 아울러 "가끔 도저히 시간을 맞출 수 없을 때는 사과를 하고 한 번씩 칼럼을 쉬었는데, 상대방이 또 원고를 청탁한다면 지금까지의 작업이 만족스러웠다는 뜻이고, 부득이하게 또 칼럼을 쉬어야 하는데 양해해 주지 않는다면 굳이 꾸역꾸역할 필요는 없다."라고 하더군요.

정해진 길 위에서 최선을 다하되, 지나치게 자신을 몰아세우지 않아야 자유로울 수 있습니다. 이것이 바로 자신감입니다. 물론 능력을 인정받는 것도 중요하지요. 하지만 자신을 너무 몰아세우고 과도한 기대를 품는 것은 자신감이 부족해서입니다. 자기 재능을 믿는다면 스스로 몰아세울 까닭이 없고, 시간의 자유를 빼앗길 일도 없을 것입니다.

정신적으로 자신을 옭아매는 이유는, 능력이 부족해서가 아니라 지나친 긴장 탓입니다. 나는 늘 스트레스에 시달리고 사서 걱정하는 성격이 외가 쪽 유전이라고 생각해 왔습니다. 이모들을 비롯해 외가 친척 모두 사서 걱정하는 성격입니다. 성엄 스님은 나와 같은 유전적 기질에 대해서도 조언해 주었습니다.

"임신한 여성이 '나무 관세음보살'을 외거나 좌선하면, 한결 긴장이 풀리고 태아도 평온해집니다."

성인이라면 수행을 통해서만 몸과 마음을 이완할 수 있습니다. 가장 기본적인 방법은 좌선 수행을 하는 것입니다. 하루 30분에서 한 시간 정도 좌선을 하면, 스트레스를 해소하고 긴장을 푸는 데 도움이 됩니다.

다만 '자신감과 여유를 가지라'는 조언은 이미 삶의 목표가 있는 사람에게만 해당하는 말입니다. 삶의 뚜렷한 목표나 계획 없이 물에 물 탄 듯 술에 술 탄 듯 사는 사람이라면 더는 자신에게 여유를 허하지 마세요.

성엄 스님은 아무런 목표 없이 매 순간 내키는 대로 그냥저냥 사는 것은 자유가 아니라 '방일放逸'이라고 했습니다. 방일은 '애써 노력하기는 싫고 놀고먹으려고만 하는 태도'입니다. 이런 사람은 언젠가 자신의 앞날에 무거운 책임을 져야 할 것입니다. 그나마 아직 학생이라면 시험 성적이 좀 떨어지거나 등수가 뒤로 밀리는 것으로 그치겠지만, 성인이라면 취업이나 창업은 물론이고 결혼 후 가정을 책임지기도 어려울 것입니다.

방일한 태도를 바꾸고 싶다면 '이래도 흥, 저래도 흥'이라는 생각을 버리고 목표부터 세워야 합니다.

내면의 나를 옭아매는 까닭은
능력이 부족해서가 아니라 사서 걱정하는 탓이다.

20

내면의 자유와 외부의 기대가 충돌한다면

과도한 책임감 탓에 타인의 기대에 부응하고자 괜한 스트레스를 받으며 압박감에 시달리는 사람을 본 적이 있습니다.

성엄 스님은 법고산에서 중생을 이롭게 하는 수많은 일을 하셨기에 대중의 과도한 기대를 받았습니다. 그래서 정치 상황이 어지럽거나 경제가 어렵거나 교육 정책이 흔들리거나, 심지어 가정 폭력이 있을 때도 성엄 스님이 나서서 몇 마디 해 주기를 바랐지요. 나는 성엄 스님이 이런 과도한 기대 때문에 부자유하다고 느끼지는 않을지 궁금했습니다.

스님은 자신이 하는 일을 '마케팅'에 빗대어 설명했습니다. 자신은 '전문점'처럼 가장 잘하고 자신 있는 서비스를 제공할 뿐, '백화점'처럼 온갖 것을 다 팔지는 못한다고 말씀하시더군요. 설령 나라의 지도자가 찾아오더라도 그저 설법이나 할 뿐, 잘 알지도 못하는 정치, 경제, 교육을 논할 수는 없다는 것입니다.

"고양이가 쥐를 잡는 것은 당연하지만 개가 쥐를 잡는 것은 말이 안 됩니다."

성엄 스님은 기가 막힌 비유로 전문 분야의 중요성을 말하면서, 선택과 집중의 필요성을 지적했습니다.

> 자신에게 맞는 것을 골라 온 힘을 다해 노력하되,
> 타인의 기대에 억지로 자신을 맞추지 마라.

예의 있게 거절하는 법, 다시 말해 "아니요."라고 말할 줄 아는 것도 자유를 지키기 위해 꼭 필요한 기술입니다. 그렇지 않으면 타인의 기대에 이리저리 휩쓸려 마땅히 누려야 할 자유를 잃게 됩니다.

자신의 한계를 파악하고, 게으름을 피우지도 과도하게 애쓰지도 않아야 자유를 누릴 수 있습니다. 타인의 요구나 기대에 발목 잡히지 마세요. 깊은 고민 없이 대뜸 남의 요구를 들어주겠다고 했다가는 남을 돕기는커녕 난감한 상황에 처할 수 있습니다.

'주제 파악'을 잘해야 합니다. 실제보다 5% 높게 목표를 세우는 것은 자신을 격려하기 위해서입니다. 그러나 실제보다 10%나 높은 목표를 세우는 것은 자신을 몰아세우는 것을 넘어, 자기 학대가 될 수 있습니다.

성엄 스님은 "경험을 통해 자기 능력을 가늠하라."라고 조언했습니다. 만약 실제보다 5% 높은 목표를 세우고 그것을 달성했다면, 우리가 목표를 이루는 과정에서 성장했다는 뜻입니다. 반면에, 목표를 이루지 못했다면 능력이 아직 부족하다는 뜻이니 차근차근 노력하면 됩니다. 성장은 서서히 이루어지며, 단번에 정상에 오를 것이라 기대해서는 안 돼요.

내가 늘 더 높은 목표를 위해 스스로 채찍질한다고 하자, 성엄 스님은 "주제 파악을 못 한다."라고 꾸짖으면서도 조언을 아끼지 않았습니다.

"목표를 위해서 채근 좀 하는 거야, 그럴 수 있습니다. 채근하지 않으면 나아질 수 없으니 말입니다. 스스로 어쩌지 못할 상황에 빠진 것이 아니라면, 지금도 성장하는 중이고 나아지고 있는 겁니다."

이는 인생의 선배로서 후배의 기운을 북돋아 주려고 한 말이지만, 지금도 나 자신을 소중히 여기기 위해 자주 되새깁니다.

21
책임과 사명을 다하면서도
자유로울 수 있을까

자유가 고귀한 이유는, 스스로 선택할 수 있기 때문입니다. '할까?'와 '하지 말까?' 사이에서 자유의사에 따라, 해야 할 것은 하고 하지 말아야 할 것은 하지 않습니다. 책임을 피하지 않으면서 제 능력을 넘어서는 일에 과도한 욕심을 내지도 않습니다.

그런데 책임과 사명을 다하면서도 과연 자유로울 수가 있을까요? 성엄 스님은 날카로운 견해로 이에 대해 정리해 주었습니다.

"기꺼이 선택했다면 자유롭고, 원하지 않았는데 억지로 선택했다면 부자유합니다."

책임을 지는 것은 선택이지 '희생'으로 여겨져서는 안 됩니다. 책임을 지고, 어쩔 수 없이 떠맡는 것이 아니라 기꺼이 하는 것, 이것이야말로 '진정한 자유'입니다.

인생의 모든 일은, 선택과 포기의 연습이다.

현대인이 자유롭지 못한 것 같아 고민하는 이유는, 대개 자신의 선택을 충분히 존중하지 않거나 책임지려 하지 않기 때문이에요.

예를 들어, 결혼한 사람은 배우자를 위해 책임을 다해야 합니다. 부부 중 누구도 배우자가 아닌 사람과 부정한 일을 벌여서는 안 돼요. 다른 사람을 만나고픈 욕망을 절제해 결혼 생활을 품위 있게 지켜 나가야만 내면의 자유를 누릴 수 있습니다. 부부가 서로를 원수 보듯 하고 눈만 마주쳐도 못 잡아먹어 안달인데, 마음이 자유로울 수 있을까요?

자식을 낳고 나서 삶이 고단해지자 애먼 자식 탓을 하는 사람들이 있습니다. 정말로 자식을 원하지 않았다면 피임을 잘했어야지, 이미 생긴 애를 탓한들 무슨 소용이 있습니까? 찾아온 생명을 받아들이고 부모로서 책임을 감당하며 또 다른 행복을 누리는 것, 그것이 바로 자유입니다.

22

욕망을 채우려고 하면, 자유에서 멀어질까

창업한 지 얼마 안 돼, 사업을 키우기 위해 고군분투 중인 젊은 사업가가 있다고 합시다. 이 상황에서 그는 경영에만 매진해야 할까요, 아니면 연애에도 신경을 써야 할까요? 사업과 연애 중에 하나를 선택해야 한다면, 적어도 우선순위는 있어야 합니다. 만약 경영을 등한시하고 연애에만 열중하거나, 야심이 지나쳐 재투자에만 몰두한다면 회사가 휘청거려 고객과 직원, 주주에게 피해가 갈 수 있습니다. 이는 자유가 아니라 무책임입니다.

'웅장여어熊掌與魚'라는 말이 있습니다. 곰 발바닥과 물고기라는 뜻으로, 두 가지를 겸할 수 없는 경우나 둘 중 하나를 취사선택하기 어려운 경우에 쓰는 고사성어입니다. 현대인들은 동시에 가질 수 없는 것을 기어코 다 가지려고 욕심을 부립니다. 게다가 두 가지가 본질적으로 모순된다면, 명확한 선택을 하지 않는 한은 결코 자유로울 수 없는 법이지요.

자유는 불교에서 말하는 해탈과 비슷합니다. 사람이 자신의 선택에 책임지는 법을 배워, 원하고 할 수 있고 해야 할 일을 하고, 원치 않고 할 수 없고 하지 말아야 할 일은 안 하는 것이 가장 기본적인 단계의 해탈입니다. 이때는 강요받지 않고 유혹당하지도 않습니다.

사람은 누구나 유혹에 빠질 수 있고 자칫 잘못하면 유혹에 넘어가 낭패를 볼 수도 있습니다. 유혹은 부자유한 일입니다. 유혹을 떨칠 수 있다면 곧 자유로워집니다. 유혹을 떨치지 못하는 이유는 자기 자신을 잘 모르기 때문입니다. 예컨대 "눈앞에 1억이 있다면 가질 텐가?" 하고 물으면, 인간이라면 본능적으로 "네!"라고 답할 것입니다. 그러나 분수를 아는 사람은 오히려 이렇게 되물을 것입니다. "내가 이 돈을 왜 가져요?" "하늘에서 뚝 떨어진 돈이잖아요?" "불로소득을 아무 대가 없이 얻을 수 있다고요?"

세상에 공짜는 없습니다. 갑자기 생긴 돈, 아름다움, 직위는 모두 유혹일 뿐입니다. 떨치지 못하면 결국 가산을 탕진하고 패가망신하고 맙니다.

분수를 알면 유혹을 떨칠 수 있어 마음이 자유롭다.
그러나 분수를 모르면 유혹에 사로잡혀 마음도 자유롭지 않다.

23

늘 매여 있는 기분이 들 때,
어떻게 벗어날 수 있을까

자기중심적인 생각을 내려놓으면
걱정도, 발버둥 칠 필요도, 두려움도 사라진다.

진정한 자유에는 두 가지 단계의 해탈이 있습니다. 가장 기본적인 단계는 '분수를 아는 해탈'입니다. 이 단계에 이른 뒤에는 한 단계 더 올라가 '마음의 해탈'에 이르러야 합니다. 마음의 해탈은 자기중심적인 생각을 내려놓는 것입니다. 이는 『금강경金剛經』에서 말하는 "응당 머무는 바 없이 마음을 내어라."라는 의미입니다.

무슨 일을 하든, 우리는 마음을 담아 노력합니다. 그러나 마음이 더는 자아에 집착하지 않고 '이것은 원해' '저것은 원하지 않아'의 분별이 없어지고 오로지 중생만을 위해 움직인다면, 이때는 주관적인 자아는 이미 사라지고 객관적인 중생만이 존재하게 됩니다.

다시 말해, 두 번째 단계인 마음의 해탈에 이르면, 삶과 죽음, 부귀와 빈천이 다 같아집니다. 삶과 죽음의 문제를 두려워하지 않게 되면, 더는 죽음으로 인해 괴로울 일이 없습니다. 설령 갑자기 죽음이 닥치더라도 그저 순리에 따를 뿐, 걱정이나 몸부림, 두려움에 사로잡히지 않습니다. 마음이 자유롭기 때문입니다. 이것이 자기중심적 태도에서 벗어난 진정한 해탈의 경지입니다.

『증일아함경增壹阿含經』에 이런 이야기가 있습니다. 네 명의 수행자가 있었습니다. 이들은 점점 늙어 가는 몸을 보고 죽음이 두려운 나머지 각기 다른 방식으로 불로장생을 시도합니다. 그러나 하늘 끝으로 도망가든, 바닷속으로 들어가든, 산속으로 피하든, 땅 밑에 숨든 모두 헛수고였지요. 이에 석가모니 부처님이 말씀하셨습니다.

"육체가 있는 존재는 다 죽을 수밖에 없다. 죽음을 앞에 두고도 두려워하지 않는다면, 너는 이미 자유로운 것이다."

이 말을 들은 이들은 비로소 생로병사와 근심 걱정, 고뇌에서 벗어나 육체에 대한 집착을 버리고 기쁘게 수행을 이어 갔습니다.

당나라 때 한 선승이 수행 중에도 깨달음을 얻지 못하자 스승에게 물었습니다.

"제 마음이 막혔는데 어찌하면 좋겠습니까?"

이에 스승이 반문했습니다.

"누가 널 막았느냐?"

곰곰이 생각해 보니, 누구도 그를 막은 바가 없었습니다. 스스로 자기를 가뒀다는 생각에 선승은 별안간 깨달음을 얻었습니다.

24

규범에 얽매인 상태에서도
자유로울 수 있을까

학생이나 회사원 중에는 별생각 없이 그저 학교와 회사 규정 때문에 부자유하다고 생각하는 사람이 많습니다. 이를테면 등교 시간과 출근 시간이 정해져 있고, 인터넷 채팅도 마음대로 못 하며, 시험과 평가를 받아야 하기 때문입니다. 그런데도 학교를 졸업한 후에는 학창 시절을 인생에서 가장 눈부신 때였다고 그리워하거나, 그때 좀 더 열심히 공부하지 않은 것을 후회하기도 합니다.

마찬가지로 회사원도 실업자가 되고 나서야 일하던 때가 얼마나 행복했는지를 깨닫고, '다시 채용된다면 불평만 늘어놓는 대신 최선을 다해 일하겠다'라고 다짐합니다.

사실 어느 정도의 규범은 긍정적인 기능을 합니다. 단체 생활에서는 오히려 규범이 있어야 자유가 보장됩니다.

규범을 따르면서 자신이 원하는 생활 방식을 선택할 수 있다면
그것이 바로 '진정한 자유'다.

성엄 스님은 거듭 강조했습니다.

"자유는 반드시 규범과 함께해야 합니다. 규범 안의 자유만이 의미가 있습니다. 규범에서 벗어난 상태는 오히려 자유롭지 못한 것입니다. 인간이든 동물이든, 세상의 모든 존재는 공동체의 규범 속에서 살아갑니다. 이를 지키지 않으면 더 부자유해집니다."

규범이 없는 자유를 원한다면, 훗날 더 큰 속박을 겪게 될 것입니다. 예컨대 학교에서 퇴학당하고, 회사에서 해고당하면 삶이 몹시 힘들어질 것입니다. 범죄를 저질러 감옥에 갈 수도 있습니다. 규범을 어겨, 자유를 통째로 상실하게 되는 셈입니다.

진정한 자유란, 규범의 제약을 받지 않는 상태가 아니라 규범 안에서 명확한 목표를 세우고, 자신의 의지로 하고 싶은 일, 원하는 삶을 선택하는 것입니다.

25
'자유자재'의 진정한 의미는 무엇인가

불법佛法에서 '불'은 '대자재왕大自在王'을 말합니다. 관세음보살은 '관자재觀自在'라고 불립니다. 여기서 말하는 '자재'는 불법 안에서 자유롭다는 뜻입니다.

불법의 관점으로 보면, 세상의 모든 일, 모든 것은 긍정적이든 부정적이든 모두 부처님의 법도입니다. 심지어 악한 방법도 불법이 될 수 있습니다. 왜냐하면 석가모니 부처님의 지혜로 사용하면, 사람을 구할 수 있는 불법으로 바뀌기 때문입니다. 예를 들어, 칼은 사람을 해칠 수도 있지만 자비롭고 지혜로운 의사의 손에 들어가면 사람을 살리는 도구가 됩니다.

이것이 바로 불법 안에서의 자유입니다. 올바른 법, 즉 정법正法의 관점에서 보면, 세상의 모든 것은 다 불법입니다. 관자재보살觀自在菩薩의 '관'은 세상의 모든 중생을 보고 듣고 보살핀다는 뜻입니다. 언제 어디서든 관세음보살을 부르면, 관세음보살은 곧 그 부름에 응답할 수 있습니다. 이처럼 중생을 구제하기 위해 아무 방해도 받지 않는 능력을 '자재'라고 합니다.

관세음보살은 사람을 차별하거나 조건을 내세우지 않습니다. 착한 사람이든 나쁜 사람이든, 아낌없이 기부하는 자선 사업가든, 온갖 범죄를 저지르는 인간쓰레기든, 관세음보살의 눈에는 다 같은 중생이니까요. 심지어 살인하고 방화를 저지른 죄인조차도, 관세음보살은 평등한 자비로 대하며 '칼을 놓으면 부처가 될 수 있다'라고 믿습니다.

'자유'는 번뇌로부터의 해탈이자, 자기중심적 태도에서 벗어난 상태입니다. 이때부터 어떠한 구속도 받지 않습니다. 하지만 '자재'는 더 적극적인 에너지입니다. 세상과 중생을 구제하려는 행동력이며, 그 어떤 상황도 방해할 수 없으며, 갖춰야 할 조건도 없고, 언제 어디서라도 자유롭고 유연하게 대응할 수 있는 능력이기 때문입니다. 자재는 자유보다 더 적극적이고, 에너지 넘치며, 실행력 강한 상태입니다.

나는 성엄 스님께 이렇게 물었습니다.
"불법의 '자유자재'와 공자의 '종심소욕 불유구從心所欲 不踰矩', 즉 '마음이 하고자 하는 대로 해도 세상 법도에 어긋남이 없다'라는 말은 어떻게 다릅니까?"
성엄 스님은 자비로운 얼굴로 답해 주었습니다.
"마음이 하고자 하는 대로 해도 세상 법도에 어긋남이 없다는 것은 주관적입니다. 내가 하고 싶은 것을 하면서도, 도를 넘지 않는 상태지요. 그러나 불법에서 말하는 자유자재는 자아를 내려놓는 것입니다. 모든 것이 중생을 위한 것이고, 중생의 바람을 이루기 위해 움직이고 노력하는 것입니다."

자유자재란 자아를 내려놓고
모든 일을 중생을 위해 하고
중생의 바람을 이루기 위해 애쓰는 것이다.

26

깨달음은 무엇이며,
나도 그 경지에 이를 수 있을까

성엄 스님은 깨달음에 관해 이렇게 말했습니다.

"깨달음은 점진적으로 이루어질 수도 있고, 갑자기 찾아올 수도 있습니다. 사람마다 다 다르지요."

수행하며 조금씩 깨달을 수도 있고, 갑자기 깨달을 수도 있습니다. 수행과 동시에 깨닫기도 하고, 수행 없이 깨닫기도 합니다.

아마 대부분은 수행 없이 깨닫기를 바랄 테지만, 시간과 노력을 들여 수행하지 않고도 깨달음을 얻어 해탈할 수 있는 사람이 몇이나 될까요? 수행과 동시에 깨닫는 것도 말이 쉽지, 불가능에 가깝습니다. 평범한 사람들은 대개 조금씩 수행하면서 점차 깨달음을 얻는데, 이조차도 쉬운 일이 아닙니다.

성엄 스님은 "군 복무 중에 아주 특별한 기연을 만났습니다."라고 했습니다. 휴가를 나와 가오슝에 있는 불교 강연장에서 하룻밤 신세를 졌는데, 그때 영원靈源 노스님과 같이 밤을 보냈습니다. 노스님이 밤새 잠들지 않고 좌선하는 것을 본 성엄 스님은 수행에 관해 이것저것을 물으며 가르침을 청했습니다.

노스님은 느긋하게 경청하다가 질문 하나를 마칠 때쯤 갑자기 힘껏 바닥을 내리치며 크게 소리쳤습니다.

"내려놓게!"

그러자 성엄 스님의 머릿속을 가득 채웠던 의문들이 연기처럼 사라지고, 마치 번데기가 고치를 빠져나와 나비가 되어 날아가듯이 고민거리가 사라졌습니다.

겸손한 성엄 스님은 그것을 '돈오頓悟(찰나의 깨달음)'라고 직접적으로 언급하는 대신, 담담하게 말씀하셨습니다.

"그저 자기중심적 생각을 내려놓은 것뿐이었습니다."

깨달음은 반드시 뿌리가 있어야 한다.
전생부터 쌓아 온 선한 업도 있어야 하고,
현생의 꾸준한 수행도 필요하다.

그러므로 단기간의 수행으로 깨달음을 얻으려 욕심내지 마세요. 수십 년 동안 수행해도 해탈에 이르지 못하는 경우가 비일비재하잖아요.

성엄 스님을 따라 불법을 배운 지 수십 년 된 거사 중에는 깨달음을 얻어 해탈에 이르지는 못했으나 인격 성장, 감정 관리, 인간관계에서 모두 정진을 이루고 이전보다 즐겁게 생활하는 사람이 많습니다. 이는 자아 정진을 통해 해탈에 이른 경우로, 부분적으로나마 관념이나 영혼의 자유를 얻은 것입니다.

27
번뇌가 줄어들지 않는다면,
수행이 다 무슨 소용인가

"수행은 이를 닦고, 입안을 헹구고, 세수를 하는 것처럼 간단한 일이 될 수 있습니다."

성엄 스님은 심오한 이치도 늘 아주 쉬운 일상 이야기로 설명하는데, 이번에도 생활 속의 사례를 들어 가르쳐 주었습니다.

이 말씀은 '수행'이라는 것은 단순하고 익숙한 습관인 것 같지만, 하루라도 거르면 금세 퇴보한다는 것입니다. 마치 며칠 동안 세수를 안한 것처럼 티가 난다는 뜻입니다. 따라서 날마다 꾸준히 수행하는 습관을 들이면 얼핏 별로 달라진 게 없는 것 같더라도 조금씩 조금씩 앞으로 나아갑니다. 이것이 점진적 수행의 장점입니다.

그렇다면 수행을 시작하자마자 바로 깨닫는 사람도 있을까요? 불교 역사상 이런 사람은 극히 드뭅니다. 석가모니 부처님의 제자 수만 명 중, '아라한과阿羅漢果(모든 번뇌를 끊고 윤회에서 벗어난 성자)'를 이룬 사람은 겨우 2천여 명뿐이었습니다. 그러니 깨달음에 이르지 못했다고 해서, 수행이 무의미하다는 뜻은 아닙니다. 그 자체만으로도 많은 사람에게 큰 영향을 미칠 수도 있습니다.

예컨대 당나라 때의 신수선사神秀禪師는 깨달음을 얻었을까요? 신수선사가 깨달음을 얻었는지에 대해서는 의견이 분분하지만, 그 영향력은 실로 대단했습니다. 측천무후는 신수선사의 명성을 듣고 황궁으로 청해 설법을 들었고, 그의 공덕을 기리기 위해 도문사度門寺라는 절을 세우기까지 했습니다. 신수선사가 남긴 게송은 아직도 사람들의 입에 오르내립니다.

"몸은 보리수요 마음은 밝은 거울과 같으니, 수시로 부지런히 털고 닦아 티끌이 생기지 않게 하라."

당시 북방에서는 신수선사가 '점오漸悟(점진적 깨달음)'를, 남방에서는 혜능慧能이 '돈오'를 주장한 까닭에 '남돈북점南頓北漸'이란 말이 생겼고 '남능북수南能北秀(남방은 혜능, 북방은 신수)'라는 칭호도 생겼습니다. 다만 육조대사六祖大師(혜능을 가리킴)는 법은 원래 오직 하나이며, 두 가지가 아니라고 이야기했습니다. '불이법문不二法門', 즉 깨달음의 길은 둘이 아니라는 것이지요. 법은 원래 '점'과 '돈'의 구분이 없으나 사람이 보는 시각에 따라 속도와 깊이가 다를 뿐입니다. 똑똑한 사람도 있고 어리석은 사람도 있습니다. 어떤 이는 빠르게, 또 어떤 이는 천천히 깨달음을 얻습니다. 따라서 점진적 깨달음이냐, 찰나의 갑작스러운 깨달음이냐는 사람에 따라 다를 뿐이라는 것입니다.

날마다 수행하는 습관을 들여 꾸준히 이어 가면,

얼핏 별로 달라진 게 없어 보이지만,

실제로는 조용히, 묵묵히 나아가게 된다.

28

얼마나 수행해야
진정한 해탈에 이를 수 있을까

수행은 자신의 마음을 평온하게 하고,

타인의 복을 빌며, 번뇌에서 벗어나게 한다.

불법은 중생을 번뇌에서 벗어나게 합니다. 다만 해탈의 경지가 다를 뿐입니다. 생사에 걸림이 없는 대해탈大解脫의 경지에 이르기는 쉽지 않습니다. 그러나 소해탈小解脫은 살면서 여러 번 필요합니다. 안정감이 결핍되어 작은 일에도 불안함과 초조함에 시달린다면, 수행으로 해결할 수 있습니다.

진정으로 해탈에 이르려면 세 단계를 거쳐야 합니다. 첫 번째는 불법에 믿음을 가지는 단계이고, 두 번째는 불법을 이해하고 따르는 단계, 세 번째는 불법을 실제로 실천하는 단계입니다. 수행 정도에 따라 일시적인 해탈에 이르기도 하고 영원한 해탈에 도달하기도 합니다.

때로는 불법의 단 한마디가 사람을 고통에서 건져 주기도 합니다. 예컨대 미국에 홀로 거주하는 노부인이 갑자기 세상을 떠난 딸 때문에 슬픔에 빠져 성엄 스님께 가르침을 청했습니다. 노부인의 딸은 의사였고, 결혼도 하지 않은 채 엄마와 함께 살았지요. 평소 노부인은 외출할 때마다 지팡이를 짚어야 했는데, 딸은 늘 어머니를 옆에서 다정하게 부축했습니다. 어느 날, 노부인이 넘어지면서 발목을 다쳤습니다. 딸은 그날도 노부인을 부축하기 위해 함께 집을 나섰습니다. 그런데 노부인이 아픈 발목을 신경 쓰느라 지팡이를 놓치고 말았습니다. 그때 딸이 지팡이를 주우려다가 그만 달려오던 차에 치이고 말았습니다. 노인은 극심한 자책감과 슬픔에 빠졌습니다.

성엄 스님은 노부인을 다음과 같이 위로했습니다.

"사람이 죽고 사는 데는 다 그럴 만한 까닭이 있습니다. 사랑하는 가족을 잃어 더없이 괴롭고 슬플 테지만, 지나치게 자책해 봐야 아무런 도움이 되지 않습니다. 이제는 자신을 돌봐야지요."

그러면서 스님은 노부인에게 아미타불을 부르며 딸의 극락왕생을 비는 한편, 슬픈 마음을 가라앉히라고 당부했습니다. 스님의 말씀을 듣고 난 뒤 노부인은 슬픔에서 벗어나 마음의 안정을 찾았습니다. 일시적이나마 해탈을 얻은 것입니다.

불법이 주는 이로움은 해탈입니다. 어떤 사람은 단 며칠만 수행해도 많은 것을 내려놓아 마음이 홀가분해집니다. 또 어떤 사람은 몇십 년을 수행해도 번뇌가 줄지 않습니다. 그러나 수행하고 있다면, 시기와 정도의 차이만 있을 뿐 언젠가는 해탈을 얻게 될 것입니다.

29

좁은 방 안에 갇혀서도,
자유자재할 수 있을까

행동에 제약이 있어도,

중생에 이로움을 주는 능력을 펼치는 데는

아무 제약이 없다.

성엄 스님이 6년 동안 폐관 수행을 한 적이 있습니다. 순전히 스님이
원한 것이었기에 그 안에서 진정한 자유를 누렸습니다. 만약 자유자재
의 의미를 모르는 사람이라면, 그를 '스스로 갇힌 자'로 볼 수도 있습니
다. 하지만 자유자재의 참뜻을 아는 사람이라면 폐관이 더 큰 영혼의
자유를 얻는 길임을 알고 있을 것입니다. 몸은 꽉 막힌 방안에 갇혀 어
디에도 갈 수 없지만, 마음은 아무 영향도 받지 않고 더 넓은 세상으로
나아가게 됩니다. 성엄 스님은 이러한 경험을 바탕으로 '작은 방 안에
서도 자유자재함을 느낄 수 있을까?' 하는 의문에 대해, '분명히 가능하
다'라고 증명했습니다.

스님이 든 기막힌 비유가 인상적이었습니다.

"폐관은 결혼과 같습니다. 폐관에 들기 전에는 독신자가 지킬 규범이 있지요. 폐관에 들고 나면 결혼한 사람과 같은 책임이 생깁니다. 이 두 가지 삶에 임하는 자세는 다를 수 있지만, 폐관 전에든 후에든 그에 맞는 수행을 해야 합니다."

폐관은 수행의 한 방식입니다. 방에 갇힌 채로 중생에게 이로움을 주어야 합니다. 성엄 스님은 폐관 기간에 창작의 영감이 끓어올라 짧은 시간에 수많은 저서를 집필했으며, 이를 통해 우리 사회에 지대한 영향을 끼쳤습니다.

이렇듯 중생을 이롭게 하려는 적극적인 실천은 행동이나 공간의 제약이 있다고 해서 발목 잡히지 않습니다. 이것이 바로 자유자재의 또 다른 경지입니다.

좁은 방안에 갇혀 있으면서도 사람들에게 깊은 관심과 배려를 보일 수 있다니, 이 얼마나 큰 자비입니까!

자유자재함이 이 경지에 이르면, 중생을 이롭게 하는 데 중요한 것은 무대의 크기가 아니라 타인에게 이로움을 주려는 마음임을 깨닫게 됩니다.

30

일상생활에서
수행 정진하는 방법은 무엇인가

수행에서 가장 중요하고 기본이 되는 규율은 '가정에서 본분을 다하는 것'입니다. 마치 출가한 사람처럼 착각하여 속세에서 벗어나고 싶다는 생각만으로 가정에서의 책임을 소홀히 한다면, 그 수행은 잘못된 것이지요.

이제 막 불교에 입문한 친구가 있었습니다. 그는 날마다 법당에 틀어박혀 염불만 외고 처자식은 신경도 쓰지 않았습니다. 이런 수행 방식은 매우 편향적이라 할 수 있습니다.

인광대사印光大師(대만의 고승으로, 정토종 제13대 조사로 추앙됨)는 폐관 수행 중에 가족에게 서신을 보내, "불법을 이유로 사회와 가정에 소홀하면 불법을 잘못 배운 것"이라며, "사람으로서 도리를 다하고 본분을 다하라."라고 전했습니다.

인광대사는 특별히 '돈륜敦倫'이라는 글자를 썼습니다. 여기서 '돈'은 사이좋다, 충실하다는 뜻이고, '륜'은 사람과 사람 사이의 관계인 윤리를 뜻합니다. 가장 기본적인 것은 가정 윤리이고 이를 넓히면 사회 속에서의 인간관계까지 포함합니다. 이웃이든 친구든, 직장 동료든, 모임의 구성원이든, 사람과 사람 사이의 관계는 물론이고 사람과 대자연 사이의 관계에도 모두 윤리가 필요합니다.

동양인은 군신, 부자, 부부, 형제, 친구의 관계를 아우르는 '오륜五倫'을 중시합니다. 이런 관계는 모두 부부 관계에서 시작됩니다. 다정한 부부 관계, 화목한 가정이야말로 처세의 중요한 바탕이자 불법 수행의 출발점이라 할 수 있습니다.

불법을 배운다고 온종일 목탁을 두드리고 좌선만 하는 것은 아니라, 목탁도 두드리고 좌선도 제때 해야 합니다. 하지만 가정의 윤리, 일상적인 인간관계, 자연과의 조화로운 관계도 더없이 중요합니다.

수행은 속세와의 모든 인연을 끊는 것이 아니라
사람과의 관계 속에서 실천하는 것이다.

31

정진할 마음이 나지 않을 때는
어떻게 해야 할까

성엄 스님은 "스스로 정진하려면, 꾸준히 이어 가야 합니다. 가장 바람직한 방법은 초심으로 돌아가는 것이지요."라고 말씀하셨습니다.

언제 어디서나, 어떤 상황을 마주하든 맨 처음 수행 정진하겠다고 마음먹었던 때를 떠올리며 꾸준히 해 나가는 것이 중요합니다. 예컨대 늘 염주를 몸에 지니고 다니면서 일이 바쁠 때도, 한가할 때도 경을 외우고 좌선을 하는 것이지요. 그러면 언제든지 초심으로 돌아갈 수 있습니다.

우리는 종종 사소한 좌절이나 장애물 앞에서 정진하기로 마음먹었던 처음의 다짐을 잊고 흔들립니다. 그러나 초심을 잊지 않는다면, 그런 일들에 쉽게 흔들리지 않습니다.

경영 컨설턴트로 일할 때, 회사에 불만을 가진 직원들을 여럿 만났습니다. 그들은 회사에 들어온 지 반년도 안 돼 일에 대한 열정이 식어 버렸는가 하면, 능구렁이처럼 행동하기도 했습니다.

그런 직원들을 만날 때면, 저는 이렇게 권했습니다.

"처음 회사에 지원하러 온 날을 떠올려 보세요. 특별히 신경 써서 단정하게 차려입고, 정중하고 예의 바른 말투로 꼭 합격하길 바란다는 포부를 밝히고, 회사의 규칙을 지킬 것이며, 월급의 많고 적음에 연연하지 않겠다고 다짐했던 그때의 모습을 말입니다."

그날 먹은 마음을 떠올리면, 지금 가지고 있는 불만도 어느 정도 사그라질 터였습니다. 그뿐만이 아니라 성장과 정진의 길을 되짚으며 강한 동기를 되새기다 보면, 순수하면서도 단단했던 그때의 자신을 되찾을 수 있습니다.

초심을 잊지 않으면
열정을 유지하고 신념을 지킬 수 있다.

32

매사에 규율을 따르는 삶은
부자유하지 않나

기꺼이 책임을 지고,

스스로 고된 길을 선택하는 것은

가장 값진 행복이다.

성엄 스님처럼 규율을 엄격하게 지키는 삶은, 젊은 사람들 눈에는 너무 고생스러워 보일 수도 있습니다. 하지만 정작 스님은 전혀 그렇게 생각하지 않았습니다. 그리고 거듭해서 이렇게 말씀하셨습니다.

"자유는 개인이 선택하는 것입니다. 내가 선택한 범위를 벗어나지 않았다면, 그것이 자유로움입니다. 자유롭다면 힘들고 괴로울 까닭이 없는 것이지요."

스스로 고된 길을 선택하는 것은 가장 값진 행복입니다. 이러한 행복은, 기꺼이 책임지는 사람만이 얻을 수 있습니다.

최근 들어 대자연의 반격이 시작되어 천재지변이 끊이지 않으면서, 많은 사람이 환경 보호의 중요성을 의식하기 시작했습니다. 환경 보호는 그리 거창한 것이 아닙니다. 가장 기본적이고 간단한 환경 보호는 검소하고 소박한 삶의 원칙을 지키는 데서 시작됩니다. 환경 문제의 심각성을 인식하고, 지구라는 행성에 대한 책임감으로 환경 보호에 자발적으로 참여하면, 괴로움이 다 무엇인가요? 즐거움만 가득할 것입니다. 반면, 하고 싶지 않은데 등 떠밀려 참여한다면, 기존에 누렸던 즐거움을 포기해야 한다는 생각에 기분이 언짢고 괴롭기만 할 것입니다. 사실 물질적인 결핍보다 더 괴로운 것은 정신적, 심리적 불만입니다.

33

불안한 세태 속에서
어떻게 중심을 잡아야 할까

종교, 인종, 정당 간의 갈등은 하나같이 자유라는 명분을 세웁니다. 하지만 이 모든 갈등은 이익에 눈이 먼 권력 투쟁인 경우가 많습니다. 자기중심적인 태도에서 비롯된 것이지요. 그런데도 일반 대중은 이러한 갈등의 이면에 복잡한 이익이 얽혀 있음을 모른 채 그저 정치가들의 세 치 혀에 휘둘려 갈등의 한복판에 쉽게 휩쓸려 갑니다. 게다가 그 과정에서 자유롭고 단순한 삶의 즐거움을 잃는가 하면, 심지어 친구나 친지 사이에 낯을 붉히기도 합니다.

과연 누가 옳고 누가 그른가요? 이 물음에 대한 답은 역사에서 찾아야 합니다. 세월이 흐른 뒤, 이 시대에 일어났던 일을 되돌아봐야 비로소 객관적으로 시시비비를 가릴 수 있다는 말입니다. 따라서 현재 우리가 할 수 있는 일은 그저 서로 존중하고 포용하는 방법뿐입니다.

성엄 스님은 이런 시대의 혼란 속에서 '영혼의 환경 보호'를 전개하며, 제삼 세계에서의 갈등을 완화하기 위해 각고의 노력을 기울였습니다. 스님은 갈등과 충돌을 겪는 나라와 민족, 종교 단체 등을 직접 찾아가 대화를 나누었습니다. 그리고 자기중심적인 생각을 내려놓고 인류 전체를 위해 고민하자는 의미로 '하나의 지구를 위한 공통 윤리관'을 제창했습니다.

특히 최근 몇 년간, 러시아와 우크라이나 사이의 전쟁으로 전 세계가 큰 변화를 겪었고, 각국 경제와 민생도 적잖은 영향을 받았습니다. 이로써 우리는 특정 집단만을 위해서가 아니라 인류 전체의 더 나은 삶을 위해 갈등을 해결하고 충돌을 막아야 함을 절실히 깨달았습니다.

우리가 모두 '지구인'이라는 인식을 가지면, 나라나 인종에 따라 굳이 편을 가를 필요가 없을 것입니다. 모두가 전 세계 공통의 윤리적 기준을 따르면, 자의식을 초월해 번뇌를 내려놓고 남을 이롭게 하는 일을 할 수 있습니다. 그러면 '나'라는 개체의 자유에서 집단 전체의 자유로, 다시 다른 민족과 국가로의 자유로 확장되어 모두가 이로운 일을 하는 경지에 이릅니다. 이런 경지에 이르면 '세계 평화'라는 이상도 자연스럽게 실현될 것입니다.

자기중심적 사고에서 벗어나
개인에서 집단으로 생각의 폭을 확장해야
비로소 조화와 평화의 가능성이 열린다.

CHAPTER 3

진정한 자아,
무아로 나아가기

나는 누구이며 어디로 가야 할까?
내면의 소리와 타인의 충고가 서로 다를 때,
어떻게 지혜를 발휘해야 할까?
자아를 찾고 난 뒤, 그 자아를 내려놓으려면
어떻게 해야 할까?
자아에서 무아로 나아가려면, 어찌해야 할까?

'나'는 과연 무엇인가?

서양의 심리학에서는 '나'를 논할 때 프로이트Sigmund Freud의 이론을 자주 인용합니다. 프로이트는 인간의 성격이 '원초아' '자아' '초자아'로 이루어져 있으며, 이들이 상호작용하며 개인의 발달에 영향을 미친다고 생각했습니다.

원초아id는 인간의 원초적 욕구를 담당하는 자아로, 배고픔·갈증·성적 욕구 등이 생기면 즉각적인 충족을 원합니다. 갓난아기가 배가 고플 때 엄마의 상황은 고려하지 않고 당장 젖을 달라고 울음을 터트리는 것이 이에 해당합니다.

'자아ego'는 원초아의 여러 욕구가 현실적으로 즉각 충족되지 못할 때 그 욕구를 현실에 순응해 조율하고 타협하는 자아입니다.

'초자아super ego'는 사회·문화적 규범을 따라 형성되는 도덕적이고 윤리적인 성격의 자아입니다.

또 다른 이론으로 '조하리의 창Johari's Windows'이라는 것이 있습니다. 여기에서는 '나'를 네 개의 창(영역)으로 나눕니다. 첫째, 나도 알고 남도 아는 나는 '열린 창'에 있습니다. 둘째, 나는 아는데 남은 모르는 나는 '숨겨진 창'에 있습니다. 셋째, 나는 모르는데 남은 아는 나는 '보이지 않는 창'에 있습니다. 마지막으로 나도 모르고 남도 모르는 나는 '미지의 창'에 있습니다.

성엄 스님은 『금강경』을 강의할 때 '나'를 '소아小我(이기적인 나)' '대아大我(박애의 나)' '무아無我(실상의 나)', 이 세 가지로 나누었습니다. 그리고 자아의 최고 경지는 아상我相, 인상人相, 중생상衆生相, 수자상壽者相을 모두 떨쳐 낸 '무아'의 상태라고 이야기합니다. 이는 '조하리의 창'에서 말하는 네 개의 창을 초월해 '공간의 나'와 '시간의 나'의 구분이 모두 사라진 상태를 뜻합니다.

예전에 책을 볼 때는 제대로 정수를 파악하지 못한 탓에 불경에서 말하는 '무아', 이 허망한 나에 대해 읽으면서 내가 홀연히 사라져 버릴 것 같은 기분이 들었습니다. 하지만 그 허망한 나는 일시적이고 끊임없이 변화한다는 뜻임을 서서히 깨달았습다. 다시 말해 지금 당신이 지닌 모습은 앞으로 끊임없이 바뀝니다. 이는 '어떤 형식에도 집착하지 말라'는 의미 외에도, 긍정적인 측면에서 보자면 또 다른 의미가 있습니다. 인간은 한량없는 가능성을 지니고 있으며, 삶은 무한히 발전할 수 있다는 사실 말입니다.

34
우리는 왜 사는가

책임을 지고 사명을 짊어지는 것은
큰 성공을 바라는 것이 아니라,
꿈을 함께 나누는 것이다.

어떤 일에 진정으로 흥미를 느껴 크나큰 포부를 품게 되면, 시련 앞에서도 뒤로 물러서지 않습니다.

성엄 스님은 내면에 침잠해 때를 기다린 경험을 통해 자신에게 주어진 책임감을 깨달았습니다. 여기에는 이상에 대한 사명감도 포함합니다. 책임감은 자아를 형성하는 매우 중요한 부분이지요. 자아를 인지했으나 책임질 능력과 사명을 완수할 힘이 없다면, 그 자아는 불완전하며, 지속적으로 성장하지도 못합니다.

그렇다면 인생의 사명을 완수하려면 어떻게 해야 할까요? 이에 관해 성엄 스님은 겸손하게 말씀하셨습니다.

"나는 부처님의 말씀이 참으로 훌륭하다고 생각합니다. 따라서 부처님의 말씀을 널리 알리지 않는다면 몹시 애석할 거예요. 내가 이미 부처님의 가르침으로 큰 득을 보았는데 다른 사람과 나누지 않는다면 나 자신을 볼 낯이 없는 거죠. 남에게 미안하다는 생각은 안 드는데, 나 자신에게 면목이 없는 것이지요."

석가모니 부처님이 가르침을 내리신 지도 2500여 년이 지났습니다. 그 가르침은 결코 한때의 유행이 아니라 영혼의 흐름인 까닭에, 오랜 세월 동안 많은 사람이 그 정수를 깨닫고자 수행에 전념했습니다.

창업한 지 150년이 넘은 루이뷔통도 원래는 여행용 트렁크를 만드는 회사였습니다. 수령이 100년 이상 되는 포플러 나무와 방수 소재를 이용해 수작업만으로 만든 트렁크는 오랜 세월의 흐름 속에서도 여전히 유행을 선도하며, 패션의 대명사로 자리매김했습니다.

35
정신적 우상이 있는 것이 과연 이로울까

자아 성장의 길에서 꿈을 이루고자 하는 노력은 좌절과 실패를 두려워하지 않고 계속 전진하는 추진력이 됩니다. 이를 위해서는 끊임없이 자신을 격려해야 합니다. 따라서 본보기가 되거나 '나도 저 사람처럼 될 수 있다'라고 동기부여를 하는 롤 모델이나 스승이 있다면, 정신적 상징이 되어 긍정적인 영향을 미칩니다.

성엄 스님께 "젊은 시절에 본받고자 하던 대상이 있었습니까?" 하고 물은 적이 있습니다. 이때 스님의 대답이 너무 장엄해서 가슴 깊이 커다란 울림이 전해졌습니다.

"내가 가장 우러른 분은 현장 법사*입니다."

그 이유는 스님이 불경을 공부할 때마다 '옮긴이'에 그의 이름이 적

---

* 방대한 양의 불경을 수집하고 번역에 힘썼으며, 중국 불교 확립에 기여한 당나라 때 고승. 중국 고대 소설 『서유기』의 실제 인물이다.

힌 것을 보았고, 불경을 강의할 때도 현장이 불경을 구하러 인도로 간 여정을 소개했기 때문입니다. 현장은 17년간 인도에 머물면서 더 큰 명성을 얻었고, 심지어 성공한 화교 승려가 되었습니다. 그러나 그는 불경 수집이라는 임무를 완수한 뒤 중국으로 돌아와 고국의 불교 발전에 이바지하겠다는 처음 다짐을 굳게 지켰습니다. 그런 불굴의 정신은 참으로 우러를 만하지요.

본받을 만한 사람이 있으면 그를 본받도록 자신을 격려하게 될 뿐 아니라, 조금의 성취에 득의양양해지는 일 없이 겸손해질 수 있습니다.

이처럼 누군가를 정신적 우상으로 삼는 것은 결코 공허하고 무의미한 일이 아닙니다. 중요한 것은 '누구를 우러렀는가?' '그에게서 무엇을 배웠는가?'입니다. 삶의 스승을 찾아 본받으면 더 온전히 성장할 수 있으며, 목표에 더 쉽게 도달할 수 있습니다.

멘토나 모범으로 삼을 만한 사람을 찾아
'나도 그 사람처럼 될 수 있다'라고 동기부여를 하라.

36
자신의 가치를 긍정하려면
어떻게 해야 하나

여러 해 동안 마케팅 자문 일을 하며, 각계에서 금과옥조로 추앙하고 인정하는 원칙 하나를 알게 되었습니다. 바로 '최고의 가치와 고객 만족 추구'입니다. 그러나 불가의 수행에서는 이보다 더 높은 차원의 정의를 추구하기 때문에 근본적으로 자신의 가치를 긍정할 필요가 없습니다. 자아는 존재하지 않는 허상이기 때문입니다. 얼핏 들으면 굉장히 현묘하게 느껴지기도 합니다. 성엄 스님은 단번에 이해할 수 있는 비유를 들어 설명했습니다.

스님이 한 이사장에게 조개 화석을 보여 주며 "이게 무엇입니까?" 하고 물었습니다. 이사장은 "조개껍데기지요." 하고 답했습니다. 그러자 스님이 말했습니다.

"아닙니다. 이것은 조개껍데기가 아니라 조갯살입니다. 껍데기가 아니라 살이 화석이 된 거니까요."

조갯살은 원래 생명이 있었으나 수천만 년이 흐르면서 돌멩이로

변한 것이지요. 대개 조개는 살아 있어야만 조개로서 가치가 있습니다. 그렇다면 먹을 수 없게 된 조갯살의 화석이 여전히 가치가 있을까요? 그건 사람마다 생각이 다를 터입니다.

그것을 장식품으로 생각하는 사람에게는 가치가 있습니다. 그런 시각에서 보자면, 조갯살이 아름답게 생긴 덕에 그것의 화석도 살아 있을 때의 가치를 여전히 가지고 있다고 여겨, 이를 장식품으로 삼는 사람도 있을 것입니다. 그렇다면 인간의 가치는 어떠할까요?

인간의 가치는 사실 다른 사람의 정신에 미치는 영향력,
다른 사람의 요구를 만족시키는 정도에 있다.
자아는 존재하지 않는 허상이기 때문에
자아의 가치를 인정할 필요가 없다.
'무아'의 나가 가장 높은 경지의 자아이다.

아름다운 조갯살은 화석이 되어 사람들의 인정을 받고 미적 욕구를 충족시킵니다. 우리가 남겨야 할 것은 정신적 문명과 자산이며, 전 사회와 후손들도 마땅히 이를 누릴 수 있어야 합니다. 이름을 남기느냐, 못 남기느냐는 중요하지 않습니다. 앞서 예로 든 조갯살처럼, 이름은 없지만 아름다움과 역사가 남아 오래도록 감상할 만한 대상이 되는 것이지요.

예로부터 재산이나 권위, 명예나 사업을 자기 자신과 동일시하는 사람이 적지 않습니다. 그러나 부처님의 가르침에 따르면, 나는 원래부

터 존재하지 않았고 앞으로도 존재하지 않을 것이기에 집착할 필요가 없습니다.

자아를 초월해 '무아'의 경지에 이르면 이타적이고 타인의 평가를 개의치 않는 매우 자유로운 상태가 됩니다. 타인의 평가를 지나치게 신경 쓰면 쉽게 일희일비하게 됩니다. 만사에 이타적으로 생각하면 일희일비에서 벗어나 무아의 경지에 올라설 수 있습니다.

『금강경』에 이런 말이 있습니다.

"수보리야, 또 과거 오백세 동안 인욕선인忍辱仙人(석가모니 부처님이 전생에 수행하던 시절의 이름)이었을 때를 생각해 보니 그 생에서는 아상도 없고, 인상도 없으며, 중생상도 없고, 수자상도 없었다. 그러므로 수보리야. 보살은 마땅히 온갖 상을 여의고서 아뇩다라삼먁삼보리심(최상의 깨달음에 대한 마음)을 내야 한다."

'아상'은 내가 나에 대해 지닌 관념을 말합니다. '인상'은 나와 남을 구별하는 관념을 말합니다. '중생상'은 아상과 인상에서 나아가 모든 중생에 대해 지닌 관념이며, 심지어 차이를 두기도 합니다. '수자상'은 시간 속 자아의 생사 관념을 가리킵니다. 이 네 개의 상은 원래 그저 하나의 상입니다. 아상, 인상, 중생상은 공간적 관계이고, 수자상은 시간적 관계입니다. 시간과 공간이 모두 사라지면 근심할 것도, 따질 것도 없어집니다. 이러한 경지에 오른 자아를 추구하는 것이 바람직하지요.

37

혼자만의 노력으로
더 나은 세상을 만들 수 있을까

나의 힘으로 남에게 영향을 주고,

그들의 영향을 받은 사람이 더 많은 사람에게 영향을 주며,

그렇게 많은 사람의 힘이 모이면

사회에 더 많은 희망과 축복을 돌려줄 수 있다.

푸본富邦 문화교육재단의 초청으로 대만 전역의 고등학교 200여 곳을 돌며 미디어 리터러시, 양성평등, 생애 계획 등의 내용이 포함된 교육을 한 적이 있습니다. 학생들의 천진한 얼굴을 보고 있자니 절로 미소가 나오면서도 한편으론 걱정이 되기도 했습니다. 겨우 한 시간짜리 강연으로 그 아이들의 삶이 크게 바뀔 리는 없다는 생각이 들어서입니다. 출판계와 독서 분야를 살펴봐도 교육 관련 콘텐츠는 시장의 외면을 받고 있습니다. 젊은 층은 스트레스를 풀기 위해 인터넷에 접속해 엔터테인먼트 콘텐츠만 찾아볼 뿐, 자아 성장을 위한 노력은 소홀히 합니다.

나는 점점 속이 여물고 있는데 나보다 더 혼돈의 청소년기를 보내는 아이들이 여전히 그 생명의 현장에 머물며 아무 목표 없이 시시덕거리고 있는 모습에 진심 어린 걱정과 무력감에 휩싸였습니다. 아마도 이런 생각을 할 때마다 인상을 잔뜩 찌푸린 탓인지, 성엄 스님은 자애로운 얼굴로 나를 주시하며 부드럽게 말씀하셨습니다.

"나도 늘 그랬습니다. 내가 뭘 할 수 있겠냐고 자문했었죠. 하지만 가다가 중단하면 아니 감만 못합니다. 세상 사람이 다 취해 있는데 나만 홀로 깨어 있다고들 하지요. 이 말을 참으로 받아들여서는 안 됩니다. 사람이 다 취해 있는 것이 아니라, 그들을 깨워 주는 사람이 없을 뿐입니다. 사실 사람은 아주 쉽게 주변에 물들어요. 누군가가 한 사람, 두 사람, 세 사람, 네 사람, 이런 식으로 꾸준히 영향을 주면, 그렇게 물든 사람들이 다시 다른 사람들을 감화시킬 겁니다. 그러면 우리 사회는 아직 희망이 있는 셈이겠지요. 석가모니 부처님께서 모든 중생을 제도하겠다고 발원하시고 갠지스강의 모래처럼 많은 모든 부처님이든, 세간의 선한 남자와 여자든 한 사람씩 제도한 지 이천 년이 지났지만, 중생을 모두 제도하겠다는 사명을 아직 이루지 못하였으니, 앞으로도 끊임없이 노력해야겠지요."

이는 인터넷상에서 화제인 '불가사리를 줍는 소녀' 이야기보다 더 희망차게 들립니다. 이야기 속 소녀는 날마다 해변에서 바닷물이 빠질 때 모래밭에 남은 불가사리를 구해 바다로 던졌습니다. 이를 본 사람이 물었습니다. "불가사리가 이렇게 많은데 언제 다 구하겠니?"

이에 소녀가 답했습니다.

"모든 불가사리를 구할 수는 없겠죠. 하지만 제가 주운 불가사리를 바다에 던져 주는 순간, 그 불가사리의 운명이 바뀌잖아요."

어린 소녀가 혼자서 구할 수 있는 불가사리는 그리 많지 않을 것입니다. 만약 소녀가 제 뜻을 남에게 전해, 불가사리를 구하는 데 더 많은 사람을 끌어들였다면 더 큰 일을 이룰 수 있을 것입니다.

나의 힘으로 남에게 영향을 주고, 당신에게 영향을 받은 사람이 더 많은 사람에게 영향을 주고, 그렇게 모두의 힘이 모이면 사회에 더 많은 희망과 축복을 돌려줄 수 있습니다.

위기감을 이용해 잠재된 힘을 끌어내면 환경의 제약을 돌파할 수 있습니다. 이것이 비록 작은 일일지라도 한 사람의 힘이 매우 고귀한 이유입니다. 자신의 가치를 인정하고 그 가치를 남이 필요로 하는 곳에 쓰면, 지금 당장은 주변에 위기가 가득하더라도 언젠가는 밝은 날이 찾아올 것입니다. 자신의 힘이 하찮게 느껴지더라도 노력을 멈춰서는 안 됩니다.

38

길이 보이지 않는데
어떻게 자아를 찾아야 하나

자기계발과 관련해서는, 청소년기에 자아를 탐색하는 것이 가장 중요합니다.

성엄 스님은 머리가 늦게 트여, 남들은 다 중학교에 갈 때 겨우 소학교에 들어갔다고 합니다. 그런데 학교에 다닌 지 4년 만에 가정 형편으로 인해 중퇴하고 아버지와 형을 따라 일을 하러 다녔습니다. 그때 스님은 병약한 소년공일 뿐이었습니다.

그런 상황에서는 나에 대한 개념이 세워지지 않고 인생이 막막하기만 합니다. 그저 숨을 쉬니까 살아가는 것에 불과했습니다. 열세 살 소년에게, 출가는 100% 자의에 따른 능동적인 바람이라기보다는 그저 인연에 가까웠습니다.

불법을 제대로 접하기 전까지는, 다들 생각하는 것처럼 향 좀 피우고 절 좀 올리고 망자를 위해 천도재나 지내는 것이 불교인 줄 알았습니다. 그러다가 절에 들어가 스승 밑에서 가르침을 받고 나서야 불법이 실생활에 쓰일 수 있으며, '계戒, 정定, 혜慧'와 '탐貪, 진瞋, 치痴' 등을 깨우쳐 지혜를 더할 수 있음을 알게 되었습니다.

번뇌가 무엇인지도 모를 열세 살 아이에게 지혜의 의미는 더욱 아리송했습니다. 그러나 평범하지 않은 성장 과정 덕분인지, 열심히 부처님께 절을 올리라는 스승님의 말씀에 날마다 아침에 오 백배를 드렸더니 석 달 뒤에 문득 지혜의 문이 열리면서 세상이 달리 보이기 시작했습니다.

혼자 걷거나 부처님 앞에서 절을 올리는 것은 얼핏 기계적이면서 재미없는 동작으로 보일 수도 있어요. 그러나 이는 마음을 가라앉히고 자아와 이야기를 나누는 데 도움이 되지요. 마음이 흔들리면 곧바로 인터넷이나 영상을 찾는 요즘 청소년들과는 판이한 대처법입니다.

고독은 집중을 돕고, 집중은 깨달음을 돕습니다. 이처럼 적극적으로 내면을 파고들어 자아를 탐색하는 과정이 없으면, 끊임없이 방황하며 감각적 만족을 추구하게 됩니다. 그렇게 길을 잃은 청소년은 결코 명확한 답을 얻을 수 없습니다.

성장은 내면을 탐색하는 것이지,
외부의 감각적 만족을 추구하는 것이 아니다.

39

남다른 인생을 살려면 어떻게 해야 하나

옳다고 생각하면, 그 일을 열심히 하면 된다.

묵묵히 해 나가면

언젠가는 멋진 꿈을 이룰 날이 올 것이다.

성엄 스님이 석 달 남짓한 시간 동안 불공을 드린 뒤 인생의 이치를 깨
닫고 평생 불법을 알리는 일을 소임으로 삼게 되었다는 말을 들으면,
보통 사람들은 부러워하면서도 반신반의합니다. 인연이란 한순간에
생겨난 듯해도, 사실은 오랜 세월이 쌓여 이루어진 결과입니다.

자아가 형성되는 데는, 타고난 자질 외에도 주변과 가정 환경이 가
장 큰 영향을 미칩니다. 부유한 가정은 아이에게 더 많은 자원을 제공
해 줄 수 있고, 빈곤한 가정은 마음의 힘을 단단히 키워 줍니다. 그중에
서도 평소 부모의 말과 행동이 미치는 영향이 지대합니다. 성엄 스님의
부모는 겸손하고 배려심 있는 사람들이었습니다. 그래서 스님은 어려

서부터 타인을 배려하는 법을 배우고 스스로 돌볼 줄 알게 되었습니다. 스님의 부모는 그에게 꼭 필요한 사랑을 주고 배려를 가르쳤을 뿐 아니라, 아이의 미래를 위해 부모 자식의 정을 내려놓고 출가를 허락했습니다. 그리하여 때와 장소, 사람이라는 세 가지 인연이 합쳐져 독특한 자아를 확립한 덕에, 스님은 남다른 인생을 살게 되었지요.

'손으로 물을 뜨니 달이 손에 있고, 꽃이 떨어지니 옷에 향기가 가득하다.'* 불교의 깊은 선의禪意가 담긴 시구입니다. 두 손으로 맑은 물을 떠서 마음으로 관조하면 하늘의 밝은 달을 볼 수 있고 무상한 꽃잎이 한들한들 떨어져 내리니, 온몸에 그윽한 꽃향기가 난다는 뜻이지요. 이 시구를 자아 탐색에 응용하면 그 의미가 범상치 않습니다. 떨어진 꽃이 이미 과거가 되듯이, 부단한 노력도 흔적을 남기지 않을 수는 있습니다. 그러나 남 좋은 일을 위해 한 노력은 꽃향기처럼 사방을 향기롭게 만듭니다. 오늘의 노력이 나에게 어떤 의미가 있는지 따지기보다, 옳은 일이라면 열심히 하면 됩니다. 묵묵히 해 나가면 언젠가 멋진 꿈을 이룰 날이 올 것입니다. 설령 이번 생에 이루지 못한다 해도 노력을 멈추지 않기를 바랍니다.

---

*   이 구절은 허당선사虛堂禪師의 말이라고 전해지는데, 당나라 때 시인 우량사于良史의 시 〈춘산야월春山夜月〉의 시구이기도 하다.

40
어떻게 해야
나만의 재능을 찾을 수 있을까

먼저 개방적이고 진실한 태도로 자신을 들여다보고,
흥미를 느끼는 분야를 적극적으로 탐색해,
자아의 가치를 내보일 특기를 기르면
나만의 재능으로 발전시킬 수 있다.

자아를 발전시키려면 다른 이가 아닌 나의 뜻에 따라야 합니다. 자녀의 미래를 부모가 결정해서는 안 됩니다. 자녀에게 어울리는 것을 파악하고, 다양한 것들을 자유롭게 접할 수 있는 개방적인 환경을 마련해, 옆에서 관찰하고 도와주고, 자녀가 필요로 할 때 뒤에서 밀어주는 것이 부모의 역할입니다. 괜히 부모가 나서서 아이의 취미를 개발하고 남들이 하는 것을 강요하면 역효과를 낳습니다.

　많은 부모가 자녀의 문해력을 걱정하고 작문 실력에 한숨을 푹푹 쉬기도 합니다. 전문가들은 독서량을 늘리면 작문 실력을 키울 수 있다고 한목소리로 말합니다. 그러나 안타깝게도 부모들조차도 대체로 독서를 등한시하고, 책 읽을 환경과 동기를 마련해 주지 않습니다. 그러면서도 그저 글짓기만 강요하고 있으니, 마치 나무에 올라 물고기를 찾는 격이지요.

돌이켜 생각해 보면, 나는 아버지를 따라 읽고 쓰게 되었습니다. 아버지는 독서를 즐기셨고 누나는 걸핏하면 책을 사달라고 졸랐습니다. 틈날 때마다 아버지와 누나의 책을 뒤적거리다 보니, 어느덧 나도 독서를 즐기게 되었습니다. 청소년기에는 평생 글쓰기로 먹고살 생각은 없었지만, 글을 많이 읽다 보니 자연스럽게 지금까지 글 쓰는 일을 하고 있습니다.

인터넷이 발달한 오늘날에는 누구나 자신이 보고 들은 바를 글과 영상으로 공유하고, 블로그를 통해 출판계의 '스타 작가'로 떠오를 수도 있습니다. 그러나 읽기와 쓰기의 본질적인 목적을 다시 생각해 보면, 그것은 단순히 창작 능력만 기르는 것이 아니라, 이를 통해 더 깊이 자신을 들여다보고 삶을 탐색하는 것입니다.

41

막다른 골목에 다다르면
틀어야 할까

장애물이 주는 가장 귀한 선물은
용감히 뛰어넘을지, 방향을 틀지를
판단하는 법을 배울 수 있다는 것이다.

끊임없이 노력하고 시도하다가 벽에 부딪히면, 방향을 트는 법을 배울 수도 있고 귀인을 만날 수도 있습니다. 성엄 스님은 '글을 써서 투고하고 퇴짜맞는' 훈련을 했습니다. 글이 퇴짜맞아도 전혀 개의치 않고, 오히려 되돌아온 원고를 더 귀하게 여겼습니다. 예전의 편집자들은 성실하게도 돌려보내는 원고에 꼭 조언을 써 주었지요. 성엄 스님은 전《대만 중앙일보》문화면 편집장이었던 쑨루링孫如陵 씨가 기억에 남는다면서, 매우 열정적이고 전문적인 사람으로 꼽았습니다. 그가 돌려보낸 원고에 써 둔 조언은 스님을 더욱 분발하게 했습니다. 스님은 방송통신학교에 등록해 독학으로 문예 창작을 배워 글쓰기의 기초를 다졌습니다.

자신에게 맞는 길을 찾다 보면 벽에 부딪히게 마련입니다. 장애물을 극복하고 자신의 한계를 뛰어넘어야 할 때도 있고, 그 길이 막다른 곳임을 깨닫고 곧바로 방향을 틀어야 할 때도 있습니다. 인생은 소중해요. 이런저런 시도를 하면서 자신의 잠재력과 장애물을 파악해야 합니다. 성엄 스님은 젊었을 때 노래도 하고 피리도 불었다고 합니다. 그런데 몇 번 해 보니 폐활량이 부족해 이쪽으로는 더 발전할 수 없다고 느꼈답니다. 그래서 곧바로 방향을 틀어 글을 읽고 쓰는 데 더 많은 시간을 할애했습니다. 이는 스님이 바라는 자아의 발전 방향에 맞았습니다.

타고난 한계를 받아들이는 것이든, 약점을 개선하는 것이든 모두 자신감의 표현입니다.

42
남보다 능력 없는 나도
가치 있는 사람인가

사람의 자질은 저마다 다르다.
무턱대고 남을 부러워하느니,
열심히 자신의 장점을 찾아 긍정하는 편이 낫다.

성엄 스님은 기회가 될 때마다 '큰 오리와 작은 오리' 이야기를 하며, 저마다 용기 있게 제 길을 가야 한다고 조언하셨습니다. 이는 스님의 아버지께서 주신 가르침이기도 했습니다.

큰 오리인 사람도 있고 작은 오리인 사람도 있습니다. 큰 오리에게는 큰 오리의 길이, 작은 오리에게는 작은 오리의 길이 있으니 남과 비교하지 말고 자신의 길을 가라는 말입니다.

작은 오리는 작은 오리만의 책임이 있고, 큰 오리는 또 그 나름의 책임이 있습니다. 그런데 자신이 겨우 작은 오리라는 사실을 고깝게 여기는 사람이 참 많아요. 또 큰 오리가 될 자질을 갖추고도 그에 맞는 역할은 감당하지 않는 사람도 있습니다.

자아를 성장시키는 길에서 매우 중요한 것이 제 분수를 아는 것입니다. 자신이 서 있는 자리를 알고, 나아갈 방향을 확실히 해야 합니다. 다시 말해 자신이 큰 오리가 될 자질이 있는지, 작은 오리가 될 사람인지를 확실히 파악해야 하는 것이지요. 그런데 시간이 흐름에 따라 작은 오리가 큰 오리가 될 수도 있습니다. 이를 위해서는 반드시 거쳐야 할 경험과 시련을 피해서는 안 됩니다. 그래야 비로소 편안한 마음으로 나답게 살 수 있어요.

성엄 스님은 한 번도 자신이 큰 오리라고 생각한 적이 없다고 하셨습니다. 남들이 아무리 다르게 대하더라도, 스님은 한평생 자신을 작은 오리라고 생각했습니다.

20여 년 전, 성엄 스님은 당시 대만 불교계의 큰스님을 따르고 있었는데, 그 스님 곁에는 늘 구름처럼 많은 불자가 따라다녔고 곳곳에서 너도나도 절을 올리려 했습니다. 당시 작은 오리였던 스님은 그런 장면들을 보면서도 그보다 못한 자신을 부끄러워하지도 아쉬워하지도 않으셨습니다. 전혀 개의치 않은 것이지요. 그러나 세월이 흘러 세계적인 종교 회의에 참가한 스님은, 여전히 작은 오리를 자처했음에도 회장으로 추대되었습니다. 스님의 높은 덕을 알아본 사람들이 중책을 맡아 달라고 부탁한 것입니다. 스님은 그런 일로 득의양양하지 않았습니다. 임기에 따라 회장직을 마치면 다시 작은 오리로 돌아갈 것을 아셨기 때문이지요.

성엄 스님은 작은 오리에서 큰 오리로의 변화는 매우 자연스럽게 이루어지는 성장이지, 자신이 변하고 싶다고 변할 수 있는 게 아니라고 생각했습니다.

시기와 인연, 환경이 맞지 않거나 노력이 부족하면 변하고 싶어도 변할 수 없습니다. 오히려 자신의 본분을 지키고 마땅히 해야 할 노력을 다하는 것이 진정한 자아 성장에 도움이 됩니다.

43
괴로울 때는 어떻게 생각을 바꿔야 할까

자아를 발견한 것은 기쁘고 축하할 일입니다. 그런데 자아를 발견한 걸로 끝이 아닙니다. 거기에서 자아를 완성하기까지는, 기나긴 여정이 남아 있으니까요. 자신이 꿈꾸는 바를 끝까지 포기하지 않으려면 어떻게 해야 할까요?

전통적인 관념에서는 "고생을 마다하지 말고, 고생을 보약처럼 여겨야 한다."라고 말합니다. 그러나 어떤 일이 '고통'이고 어떤 일이 '보약'일지는 아무도 모릅니다. 이는 절대적인 개념이 아니라 상대적인 개념이기 때문입니다. 만약 자신이 기꺼이 원한다면, 아무리 고통스럽더라도 '보약'이 됩니다.

성엄 스님은 어려서 출가해 절에 들어간 뒤 정진결재精進潔齋(고기를 끊고 몸을 깨끗이 함)하며 예불을 올리는 한편, 절 마당을 쓸고 청소하고 밥도 짓고 물도 길어 왔습니다. 그런 생활이 고되지 않았을 리 없습니다.

그러나 그 전에 형과 함께 호미 들고 밭일을 하며 자신의 한계를 여실히 깨달았던 것에 비하면, 절에서의 고생은 행복한 일이었습니다. 어떤 일이든 즐거움이 아닌 발전 여부가 판단 기준이 되어야, 고생을 '보약'으로 여길 줄 알게 됩니다.

부모는 자녀가 혹여라도 고생할까 근심할 필요 없습니다. 눈에 넣어도 아프지 않은 자식이 고생할까 염려하는 대신 바른 생각을 하도록 이끌어야 합니다. '어떻게 나를 발전시킬 것인가?' '지금 겪는 것이 고통인가, 아니면 보약인가?' 사실 이 둘을 구분하는 절대적인 기준은 없습니다. 최선을 다하기만 하면 반드시 약이 되는 결과를 얻을 것입니다.

성엄 스님은 자신이 기억하는 시절부터 줄곧 부모님을 도와 농사를 짓고 가축을 돌보고 집안일을 했습니다. 형제 중에 막내여서 큰 총애를 받았지만, 그렇다고 해서 어리광을 피우거나 거만하게 굴지 않았습니다. 따라서 스님은 부모들에게 이렇게 조언했습니다.

"자녀가 더 많은 고생을 하고 자신을 더 갈고닦게 해야 합니다. 자아를 발전시키는 과정에서, 고생을 견딜 줄 알아야 곤경에 빠졌을 때 위축되거나 물러나지 않을 겁니다."

자아 발전이라는 목표에 맞춰 기꺼이 온 힘을 다한다면,
괴로움에서 벗어날 수 있고
고통 속에서 자신을 더 강하게 단련할 수 있다.

44

선과 악의 갈림길에서
유혹을 물리칠 수 있을까

고생을 꺼리지 않으면 신념을 고수할 수 있고, 처음의 결정을 바꾸는 일도 없습니다. 성엄 스님도 지금과 다른 선택을 할 기회가 여러 차례 있었습니다.

성엄 스님은 군에서 10년간 복무하는 동안 환속할 기회가 많았음에도 결코 승복을 버리지 않았습니다. 일본에서 석사 공부를 마쳤을 때도, 마침 세상을 떠난 한 일본 승려가 남긴 일가족이 스님께서 이어서 주지를 맡아 주길 바랐지만, 스님은 미련을 두지 않았습니다. 성엄 스님은 이렇게 이야기했습니다.

"저는 한번 택한 길은 어떤 장애물이나 유혹이 있더라도 결코 딴마음을 품지 않고 끝까지 가야 합니다. 그냥 전 원래부터 이런 성격이었어요."

스님은 웃으며 시원하게 인정했습니다.

"제가 한 고집 합니다."

크든 작든, 어렵든 쉽든, 하고자 하는 일은 반드시 끝까지 해내며 외부의 영향에도 뜻을 굽히지 않습니다. 이것이 바로 선한 것을 택하여 굳게 지키는, '택선고집擇善固執'입니다.

살다 보면 '고집'을 부리기는 쉽지만 '택선'은 쉽지 않습니다. 다행히 불법은 원래 '지어지선止於至善(최고의 선에 도달하여 그 상태에 머무른다는 뜻)'한 위업이라서, 일단 선택했다면 꿋꿋이 해 나갈 수밖에 없습니다.

이는 흥미로우면서도 중요한 일입니다. 만약 선악이 섞인 환경에 있다면, 뛰어난 판단력과 결단력이 있어야 악을 버리고 선만 남겨 옳은 결정을 내릴 수 있습니다. 자기를 바르고 진취적인 환경에 둘 때 '택선' 하기가 쉬워지고, 그때의 '고집'은 자연스레 택선과 상부상조하는 힘이 됩니다.

자기를 긍정적이고 진취적인 환경에 두면
선을 택하기가 훨씬 쉬워진다.

45

앞날이 불투명한데도 꿋꿋이 버텨야 할까

꿋꿋이 나아가는 힘은 꿈의 크기와 비례한다.
품은 뜻이 클수록,
중간에 좌절을 겪거나 유혹에 부딪히더라도
부정적인 영향을 크게 받지 않는다.

소년 시절에 출가해 절에 들어간 성엄 스님은 '상진常進'이라고 불렸습니다. 어지러운 격동의 시대였던 터라, 불교의 앞날도 어둡기만 했습니다. 당시 출가인은 수행도 하고 생계도 꾸려야 했으며, 사회적 지위도 없어 멸시당하기 일쑤였습니다. 그러나 성엄 스님은 불법이 너무도 좋았습니다. 따라서 불법을 잘 지키고 널리 알려야 한다고 생각했지요. 스님 자신이 절에서 교육받고 달라졌기 때문에, 불교 교육을 통해 불법을 널리 알리는 것이 불교를 전승하는 데 매우 중요하다고 생각했습니다.

남을 가르치려면, 자기가 먼저 제대로 알아야 했습니다. 그래서 스님은 당시 불교 최고 학부가 있는 양대 불학원에 입학하기 위해 필사적으로 노력했습니다. 그중 하나는 중경重慶에 있는 '한장교리원漢藏教理院'이었고 다른 하나는 민남閩南에 있는 '민남불학원閩南佛學院'이었습니다. 그러나 시험을 보러 가기도 전에 전쟁이 터지고 말았지요.

꿈이 무너진 데 좌절했습니다. 특히 그 좌절이 외부 상황 탓이고, 자신이 그 상황을 통제할 수도, 뒤집을 수도 없다면 실의에 빠질 수밖에 없습니다.

하지만 스님은 초심을 버리지 않았습니다. 끊이지 않는 포성이 황포강까지 들리고 전쟁이 치열해지자, 스님은 시대의 흐름에 맞추어 삶의 방향을 틀었습니다. 승복을 가지고 입대해 '청년군青年軍'의 호소에 따라 먼저 대만으로 가서 상황이 안정되면 다시 승려로 돌아오기로 마음먹은 것입니다.

세상이 요동치는 난세에도 인생의 방향을 견지하며 인내심을 가지고 기다리면, 의지를 단단히 하고 더 잘 준비할 수 있습니다.

CHAPTER 4

마음을 돌리고,
내려놓기를 배우다

소중히 원하는 것을 얻지 못할까 봐 두려운가요?
'원하는 것'과 '필요한 것' 사이에 명확한 경계가 있나요?
아니면 사람에 따라 다른가요?
정욕을 길들이거나 높은 경지로 끌어올릴 수 있나요?

어렸을 때 개천에 빠져 죽을 뻔한 적이 있습니다. 물 밖에서 눈을 떠 보니 코와 입속에 진흙이 가득했습니다. '풍덩' 하고 물에 빠지자마자 눈앞이 탁하게 물들었던 기억이 아직도 생생합니다. 그런데 신기하게도, 그런 일을 겪고도 물이 무섭지 않고 오히려 물속이 어떻게 생겼는지 궁금하기만 했습니다.

철없는 아이는 두려움을 전혀 모릅니다. 고등학교 수영 수업 시간에 물에 빠져 죽을 뻔한 경험을 하고 나서야 비로소 물이 무섭고 싫어졌습니다. 그러나 수영 실기시험을 봐야 해서 어떻게든 두려움을 누르고 물속에 들어갈 수밖에 없었지요. 그러다 어른이 되어 제대로 수영을 배우고 나서부터는 물살을 가르는 재미를 알게 되었습니다. 수영을 즐기기 시작하니, 내면의 뭔가가 서서히 밖으로 표출되는 느낌이 들었습니다.

그것은 바로 두려움과 욕망이었습니다. 두려움과 욕망은 아무 상관이 없다고 생각하는 사람이 많습니다. 하지만 두려움과 욕망은 서로 단단히 엮여 있습니다. 물에 빠져 죽을 뻔한 공포가 없었다면, 살고자 하는 욕망도 없었을 것입니다.

어렸던 나는 두려움이 무지에서 온다고 생각했습니다. 그러나 정말로 무지하다면 두려움이 무엇인지도 몰라야 합니다. 극복하기 어려운 두려움은 사실 욕망에서 나옵니다. 욕망의 뿌리가 바로 무지입니다. 욕망과 두려움의 악순환을 끊으려면 마음을 돌리고 이타적으로 생각하는 연습을 해야 합니다. 그래야만 내면의 감옥에서 벗어나 진정한 삶의 가치를 실현할 수 있습니다.

46
열심히 남을 돕는데도
즐겁지 않은 까닭은 무엇일까

두씨 아주머니는 중학교 때 친구의 어머니십니다. 원래 시장에서 돼지고기를 파셨는데 장사가 무척 잘됐습니다. 그러다가 남편이 병으로 세상을 뜨고 자녀들이 장성했을 때, 인연이 닿았는지 부처님의 가르침을 접하고는 장사를 접고 혼자 농사를 짓기 시작했습니다. 농약을 전혀 치지 않은 유기농 채소를 길러 일부는 길에서 팔고 나머지는 남들에게 나누어 주었습니다. 아주머니는 우리 어머니가 중풍으로 거동이 불편해지자 틈날 때마다 채소를 가져다주고 부처님의 말씀을 배우라고 권했습니다.

아주머니를 이리저리 살펴보니, 채식을 오래 해서인지 아니면 남을 돕기 좋아해서인지, 시장에서 고기를 팔 때와 달리 관세음보살이 떠오를 만큼 평온하고 자비롭게 보였습니다. 어떤 사람들은 사적인 욕심을 버리고 중생의 해탈을 위해 힘쓰겠다는 이타심을 내고도 자신에게 맞지 않은 방법을 택한 탓에 결국 좌절합니다.

남을 돕는데도 마음이 기쁘지 않은 까닭은,

제 능력을 과신해

힘에 부치면서도 기어코 하려다가

불안에 빠진 탓이다.

성엄 스님은 이를 짐을 지는 것에 비유했습니다. 만약 10kg의 짐밖에 감당할 수 없다면 10kg만 저야 합니다. 아무도 20kg의 짐을 지지 않으니까 '내가 저야지' 하고 나섰다가는 오히려 몸만 상하고 '힘들어 죽겠다'라며 포기하고 맙니다. 남을 돕기는커녕 불필요한 희생만 한 셈이지요. 그런 봉사는 무가치하고 어리석어 보입니다.

남을 돕고 싶다면 먼저 자신의 한계를 알아야 합니다. 10kg이 한계라면, 일단 5kg부터 지세요. 너끈히 들어 올릴 수 있을 것입니다. 그렇게 자신감을 쌓고 나면 10kg도 그럭저럭 감당할 수 있습니다. 거기에 1kg을 더해 11kg만 져도 충분히 잘한 것이므로 20kg, 30kg을 지려고 조바심 내지 마세요. 큰 원심을 낼 수는 있으나 큰 공을 탐하지는 마세요. 좋은 일이면 뭐든지 단번에 할 수 있다고 생각해 쉽게 덤볐다가는 자신만 고단할 뿐입니다. 이는 어리석은 일이지 자비가 아닙니다.

47

좋은 일을 하고도 대접받지 못할 때는
어떻게 해야 하나

선의로 한 일인데도 아니꼬운 시선을 받아야 할 때가 있습니다. 찬탄하는 이들도 있지만, 의혹을 제기하는 자도 있습니다. 그러나 제 능력을 잘 알고, 성취 여부를 장담할 수 없더라도 감사하는 마음으로 더욱 분발하면 서서히 진전을 이룰 수 있습니다.

진정한 자비는 자신이 가진 능력과 자원이 얼마나 되는지 아는 데서 시작됩니다. 제 능력과 자원을 파악해 얼마만큼의 일을 할 수 있는지를 판단해야 합니다. 능력과 자원이 부족하다면 키우기 위해 힘써야지, 무턱대고 제 능력 밖의 일을 맡아서는 안 됩니다.

많은 사람이 마음을 돌리는 과정에서 옳지 않거나 급진적인 방법을 택하기도 하고, 방해에 부딪혀 뜻을 이루지 못하기도 합니다.

잘못된 관념을 가진 사람도 있습니다. '버리는 것이 얻는 것'이라는 말만 귀에 담아, 버림과 동시에 '내가 무엇을 얻을 수 있을까' 하고 욕심을 품습니다. 이 또한 마음을 돌리는 과정에서 흔히 걸려드는 덫입니다.

성엄 스님은 "사적인 욕심을 버리면 실체가 있는 물건을 가지거나 무형의 성취를 이루는 게 아니라, 이타심을 얻는다."라고 했습니다. 깨달음을 얻어 부처가 되더라도 번뇌가 사라질 뿐, 아무것도 얻지 못합니다.

『반야심경』에 이르기를, "지혜도 없고 얻을 바도 없다."라고 했습니다. 마지막에는 지혜도 없고, 아무것도 얻을 게 없다는 말입니다. 부처가 된다고 해서, 모두가 우러르는 위대한 자리에 오르는 것이 아닙니다. 진실로 부처가 되면 스스로 부처라고 여기지 않기에 다시 속세로 돌아가 보살의 몸으로 중생을 제도하게 됩니다.

'버리는 것이 얻는 것'이라는 말에는 버림과 얻음이 있습니다. 진정 번뇌에서 벗어난 사람은 버리기만 할 뿐 얻으려 하지 않습니다. 얻고자 하는 욕망이 없어야 비로소 번뇌에서 벗어날 수 있습니다.

버릴 각오만 있고
얻을 욕심이 없어야만
비로소 번뇌까지 내려놓을 수 있다.

48
무지가 두려움을 가져올 수도 있을까

무상을 깨달으면 두려움에서 멀어지고
타인의 괴로움에 공감하면 자비를 베풀 수 있다.

무지無知는 지혜가 없는 것입니다. 분수에 안 맞는 허튼 생각에 빠져 끝없이 탐욕을 부리며, 욕망이 채워지지 않으면 두려움에 빠집니다. 『반야심경』에 이르기를, "마음에 걸림이 없는 고로 두려움이 없다."라고 했습니다. 마음에 걸림이 있는 이유는, 우리가 삶의 본질을 제대로 알지 못하기 때문입니다. 성엄 스님이 말씀하신 첫 번째 두려움입니다. 무지로 인한 두려움은, 정보와 지식이 아무리 많이 채워져도 떨쳐 내기 어렵습니다.

삶의 본질은 무상無常입니다. 무상을 똑바로 마주하지 않는 것이 가장 큰 무지입니다.

사실 인생은 알 수 없는 것이 당연합니다. '무상'이 정상이란 말입니다. 이 사실을 받아들이고 '무상'을 깨달으면 두려움에서 멀어집니다.

지금은 과학 기술과 의학 수준이 높아졌고 모든 분야가 과거에 비해 물질적으로 풍족합니다. 그런데도 사람들은 갈수록 더 많은 것에 두려움을 느끼지요. 죽음이 두렵고, 가난이 두렵고, 병이 두렵고, 삶이 고달플까 두렵고, 배우자가 바람을 피울까 두렵고, 남보다 성공하지 못할까 두렵고…. 이런 마음속의 두려움을 떨치지 못하면 삶이 고단해집니다. 이 고단함은 두 개의 극단적인 방향으로 뻗어 갑니다.

하나는 고단함을 줄이고자 더 많은 욕망을 품지만, 결국 채워지지 않는 욕망 탓에 악순환에 빠져 더 큰 괴로움에 시달리게 됩니다. 다른 하나는 남을 돕고 중생을 제도하며 고통에 빠진 사람을 건져 주겠다는 마음을 갖습니다. 이러한 마음은 욕망을 원력으로 승화시키는데, 이것이 바로 자비입니다.

성엄 스님은 이렇게 말씀하셨습니다.

"괴로움을 깨닫는 것이 영 나쁜 것은 아닙니다. 특히 남의 괴로움을 가슴 깊이 이해하는 데서 자비심이 피어납니다"

석가모니 부처님은 출가 수행하기 전에 한 나라의 왕자였으나 성 밖의 백성에게서 생로병사를 목격하고 시종에게 물으셨습니다. "사람은 누구나 이런 일을 겪느냐?" 그러자 시종이 답했습니다. "그러합니다."

한 번은 석가모니 부처님이 밭에서 일하는 농부를 지켜보고 있었습니다. 농부가 진흙을 파헤치자 땅 밑에 벌레가 우글거렸습니다. 그때 작은 새들이 날아와 벌레를 잡아먹었는데, 얼마 지나지 않아 큰 독수리가 날아와 작은 새를 잡아먹었고 뒤이어 사냥꾼이 독수리를 잡았습니다. 뛰는 놈 위에 나는 놈이 있는 법, 세상은 그야말로 약육강식의 축소판이라 할 수 있지요.

어디 그뿐인가요. 인도에서는 언제 어디서나 생로병사를 마주합니다. 노인과 병자, 주검은 물론이고 배가 부른 임산부까지 길바닥에 널브러져 있는 광경을 흔히 볼 수 있었습니다. 그러나 날이면 날마다 보는 광경에 다들 그러려니 하고 지나칠 뿐, 누구 하나 놀라거나 무서워하지 않았습니다. 이에 석가모니 부처님은 자신이 아무리 존귀한 왕자라도 저들과 똑같이 생로병사의 굴레에서 벗어나지 못하리라는 사실을 깨달았습니다.

지혜로운 사람은 고통을 두려워하나, 어리석은 사람은 고통이 무엇인지 모릅니다. 석가모니는 왕자인 자신도 생로병사 앞에서는 뭇 생명들과 다를 바 없음을 깨닫는 순간, 자비심의 기본 조건을 갖췄습니다. 그리고 중생을 위해, 자신을 위해 이 문제를 반드시 해결해야 한다고 생각해 출가하여 도를 닦았습니다.

49

혹시 '미움'도 오만일까

두려움과 미움은 종이 한 장 차이다.
오만을 걷어 내야 현명한 마음을 갖게 된다.

앞서 무지를 첫 번째 두려움이라 했습니다. 성엄 스님이 말한 두 번째 두려움은, 생로병사가 아닌 위덕威德을 두려워하는 것입니다. 이는 다시 개인의 위덕을 두려워하는 것과 대중의 위덕을 두려워하는 것으로 나뉩니다.

개인의 위덕을 두려워한다는 게 무슨 뜻일까요? 심술궂거나 경솔하게 행동하는 사람, 자신감이 부족한 사람은 어질고 유능한 사람, 인품이 훌륭한 사람을 만나면, 순간 그들의 정직함과 자비를 곧바로 알아차리지 못하고 그들이 존경받는 이유도 깨닫지 못합니다. 부끄러움과 추악한 생각 탓에 두려움을 느끼기 때문입니다. 아무 이유 없이, 무슨 이유인지도 모른 채, 잘못한 일도 없으면서 괜히 만나기가 꺼려지고,

아무튼 두렵기만 합니다.

이런 두려움의 정서가 제대로 처리되지 않으면, 두려움이 미움으로 바뀔 수 있습니다. 사실은 두려우면서 '저 사람 참 밉다'라고 생각하며 자신을 속이는 것입니다.

가장 흔한 예가 가진 자들에 대한 미움입니다. 잘 살거나 물질적으로 풍족한 사람들을 보면 부를 축적한 경로나 내막은 생각지 않고 대뜸 샘을 부리지요. '잘 살 만하니까 잘 사는 것'이라는 인정 대신, 돈 있는 사람들을 그저 '돈 냄새만 풀풀 풍기는 재수 없는 인간들'이라고 헐뜯습니다.

성엄 스님은 이렇게 말씀하셨습니다.

"그것을 불교에서 쓰는 말로 비열만卑劣慢이라고 합니다."

오만은 자신이 남보다 잘났을 때만 느끼는 것이 아닙니다. 남보다 못났을 때도 느낄 수 있습니다. '신 포도 심리'라는 말을 들어 봤을 것입니다. 포도를 못 먹게 되니, 저 포도는 틀림없이 시큼할 것이라고 하지요.

그래서 성공한 사람을 보면 뭔가 구린 방법을 썼다느니, 지름길로 왔다느니, 혈연·지연·학연을 다 동원했다느니 하며 온갖 억측을 해댑니다. 이런 마음은 '훌륭한 사람을 보고 배우고자 하는' 동력을 꺼 버려 성공에서 멀어지게 할 뿐입니다.

50
두려움을 떨치려면 어떻게 해야 할까

첫 번째 두려움은 무지, 두 번째는 위덕을 두려워하는 것이라면, 세 번째는 낯선 환경으로 인해 해를 입을지도 모른다는 두려움입니다. 안 가 본 곳은 못 가고, 모르는 사람은 안 만나고, 살아 본 적이 없는 곳에서는 절대로 혼자 지낼 수 없습니다.

그리고 네 번째는 불확실성에 대한 두려움입니다. 반드시 일어날 일도 아닌데 괜한 걱정을 합니다. TV에서 어떤 음식이 암을 유발한다면서 요즘 암 환자가 급증했다는 말을 덧붙이면, 자기와는 상관없는 소식인데도 괜한 걱정이 앞섭니다. 물론 건강에 신경 써야 하지만 몸이 좀 찌뿌둥하고 가끔 가볍게 앓는다고 해서 곧바로 암을 의심하는 것은, 가도 너무 멀리 간 것입니다.

다섯 번째, 욕망을 채운 뒤에도 여전히 돈이 부족한 것 같고, 지위가 흔들릴 것 같고 상대가 변심할까 두려워하는 것입니다. 이런 두려움을 잘 다스리지 않으면 자신과 남을 해치는 비이성적인 행동으로 이어질 수 있습니다.

여섯 번째, 남보다 못해 경쟁에서 뒤질지도 모른다는 두려움입니다. 어떤 CEO는 자신이 발탁한 직원이 갈수록 유능해지면 '저 사람은 충성심이 부족한데 이러다가 회사를 배신하는 거 아니야? 내가 호랑이 새끼를 거뒀나?' 하고 의심하기 시작합니다.

사람은 남과의 비교를 꺼립니다. 남보다 잘났으면 넘치는 자부심을 주체하지 못해 거만해지고, 남보다 못하면 열등감에 사로잡혀 두려워합니다. 형제자매 사이에도 이런 비교에 대한 두려움이 있습니다. 열 손가락 깨물어 안 아픈 손가락 없다지만, 아무래도 더 뛰어난 아이에게 사랑과 관심을 쏟고 덜 잘난 아이에게는 관심을 덜 주게 마련입니다.

성엄 스님은 열등감에 시달리는 사람들에게 이렇게 말씀하셨어요.

"사람은 저마다의 복덕과 지혜가 있으며 각자의 인연이 있습니다. 어리석으면 어리석은 대로, 똑똑하면 똑똑한 대로 다 장점이 있지요. 똑똑한 사람에게는 늘 좋은 일이 일어날 것 같지만, 어리석은 사람이 이득을 보기도 하지요. 그러니 누가 나은지 비교하거나 근심하지 말고 그저 자기가 할 수 있는 일에 최선을 다하면 됩니다."

자신이 할 수 있는 일에 최선을 다하면
두려움은 저절로 사라진다.

51
욕망은 다 나쁜가

개인의 이익을 채우는 것은 '사욕'이고
대중의 이익을 채우는 것은 '원심'이다.

앞서 말한 온갖 두려움을 직시하고 그로 인한 괴로움을 깨달으면, 두려움은 곧 욕망으로 변합니다. 개인의 욕심만을 꾀하는 것을 '사욕私慾'이라 합니다. 사욕은 밑 빠진 독처럼 아무리 채워도 메워지지 않고 남까지 해칠 수 있습니다.

그러나 민족이나 나라, 중생의 이익을 위해 품은 마음이라면, 이는 욕망이 아니라 '원심願心', 즉 바라는 마음입니다. 자비로운 원심을 내어, 만물을 가엾게 여기는 마음으로 세상과 중생을 구하고자 하는 것이지요. 이것이 '욕慾'과 '원願'의 차입니다. '욕'은 나에게 이로운 것이고, '원'은 중생에게 이로운 것이지요.

기본적으로 '욕'과 '원'을 이루기 위해 노력해야 하는 것은 같습니다. 둘 다 기본적인 수련부터 시작해 끊임없이 노력하고 지혜를 길러야 하지만, 하나는 사익을 추구하고 다른 하나는 공익을 추구합니다.

우리는 나의 이익만을 추구하는 '욕'이 아니라, 모두의 이익을 추구하는 '원'을 높이 평가해야 합니다. 사리사욕만 좇다 보면 남에게 해를 끼칠 수 있기 때문입니다.

누구든지 자신의 이익만 생각하고 남의 이익은 외면하거나, 심지어 자신의 이익을 위해 남을 희생시키려 한다면 하루빨리 마음을 돌이켜야 합니다. 이는 화근의 씨앗이며 곁에 있는 사람에게 그릇된 영향을 끼칠 수도 있기 때문입니다.

'사욕'이 아닌 '원심'으로 마음을 채워라.

52

사리사욕을 어떻게 해야 할까

'사욕'에서 '원심'으로 나아가는 것은, 더 나은 사람이 되어 가는 과정입니다. 우리는 다 평범한 사람들이라 정도의 차이만 있을 뿐, 마음 한구석에 어느 정도 이기심이 자리하고 있습니다. 오죽하면 "사람이 자기 자신을 위하지 않으면, 하늘과 땅이 벌한다人不為己, 天誅地滅."라는 말이 있을까요. 그러나 이 같은 생각을 조금만 바꾸면 사욕이 아니라 원심을 추구하게 됩니다.

성엄 스님은 마음을 돌리는 타이밍에 대단한 인연이 필요하다고 이야기합니다. 부, 권세, 지위가 어느 정도에 이르렀을 때, 자신을 되돌아보기 시작하는 사람들이 있습니다.

가진 것이 많을수록 책임이 막중해지고 부담도 커집니다. 돈이 아무리 많아도 배부르면 더 먹을 수도 없고, 침대 하나면 넉넉히 잠을 잘 수 있고, 기껏해야 방 한 칸이면 지내고도 남을 것입니다. 즉, 세상의 모든 부귀영화를 홀로 다 누릴 수는 없습니다. 게다가 부귀영화는 이런저런 문제를 불러오기도 합니다. 지나치게 많이 먹으면 어떻게 될까요? 건강을 해치기 마련입니다. 유산을 너무 많이 남기면 어떻게 될까요? 자녀들이 삶의 가치를 추구할 열정을 잃을 수도 있습니다. 이 이치를 파악하면 깨달음이 찾아듭니다.

'죽으면 다 쓸데없는 부, 권세, 지위에 집착하느니, 모두를 위한 일에 헌신해야겠다.'

마음을 돌리면, 사욕이 줄고 모두를 위한 바람이 늘어납니다.

일을 하다 보면 득도 있고 실도 있기 마련입니다. 그런데 이기적인 사람은, 얻는 것이 없을 때 적잖이 고통스러워합니다. 사사로운 이득이 아니라 공공의 이익을 생각하면 하나하나를 두고 득실을 따질 필요가 없습니다. 아무리 큰 대가를 치르고 대단한 성과를 거둔다 해도, 자랑거리로 삼거나 거들먹거리지 않습니다. 하는 일을 관두고 다른 일을 하게 되거나 퇴직해서 사회생활을 할 기회를 잃었더라도 지금껏 최선을 다했다면, 괴롭지 않고 더 자유로워질 것입니다.

누구나 이기적인 면이 있다.
공익을 먼저 생각하면 내면이 자유로워진다.

53

이타심을 가지려면 어떻게 해야 할까

성엄 스님은 불교를 믿는 보살들에게 "홀로 할 수 있는 일은 홀로 하고, 홀로 할 수 없을 때는 도움을 청하며, 이 생에서 마치지 못하면 다음 생에서 계속하라."라고 말씀하셨습니다.

중생을 구제하고, 중생이 불안한 마음과 평안하지 못한 환경에서 벗어나도록 돕기 위해 나서는 것을 '자항보도慈航普渡'라고 합니다.

관세음보살이 그러했습니다. 관세음보살은 '시무외施無畏'라고 불리지요. 말 그대로 관세음보살은 두려움을 없애는 자비로운 보시를 베풀어 영원히 중생의 의지처가 됩니다. 부모와 아무리 정다워도, 평생 의지할 수는 없는 노릇입니다. 그러나 관세음보살은 영원히 의지할 수 있습니다. 관세음보살은 보답을 바라지 않으며 대자대비한 마음으로 중생을 제도하기 때문입니다.

그와 달리, 보통 사람은 자비로워지기로 마음먹고도 이기심을 완전히 버리지 못합니다. 그러나 이기심은 얼핏 이익을 볼 것 같지만, 남과 자신 모두에게 해를 입힐 수도 있습니다. 똑똑한 사람은 남한테 해를 입히지 않고도 이익을 보지만, 어리석은 사람은 남과 자신 모두에게 해를 입힙니다.

정·재계 인사는 물론이고 사회 각계 인사 중에 사회를 위해 헌신하는 이미지를 내세우는 사람들이 있습니다. 좋은 일을 하는 것은 맞지만, 주판알을 튕겨 가며 돈 될 일만 손대는 꼴이 지극히 계산적이지 않을 수 없습니다. 게다가 지금 당장 손해를 피할 수 없다면, 나중에라도 이익을 볼 수 없는지를 살핍니다. 이는 공익이 아니라, 철저히 사리사욕에서 비롯된 행동입니다.

진정 공익을 꾀한다면, 사욕을 접어 두고 아낌없이 베풀어야 합니다. 이처럼 사욕과 원심은 경계가 분명합니다. 중요한 것은 마음이 한결같고, 진심이어야 합니다. 거짓으로 꾸며 내서는 안 되며, 건성으로 얼렁뚱땅해서도 안 됩니다.

54
사람은 어떤 계기로
전혀 다른 인생을 살게 되는가

언제 사욕에서 원심으로 마음을 돌리게 될까요? 큰 좌절을 겪거나, 반대로 큰 성취를 거둔 것이 계기가 될 수 있습니다.

주변의 많은 이가 가족의 죽음이나 심각한 사건 사고를 겪고 나서 인생의 의미와 가치를 깊이 되새기고, 생각을 바꾸어 전혀 다른 인생을 살아가기 시작합니다

어떤 사람은 단계적 목표를 이루고 나면 '이미 충분히 이루었다'라고 생각해, 더는 욕심부리지 않습니다. 명예와 이익을 좇던 발걸음을 늦추고 대신 공익 사업에 적극적으로 뛰어들기도 합니다.

또 어떤 사람은 일이 뜻대로 풀리지 않을 때 스트레스를 받아 잠시나마 생각을 바꿔 보려 합니다. 그런데 바뀐 생각이 자리 잡도록 하려면 인생의 몇 가지 단계를 거쳐야 합니다. 경험을 쌓아야만 변화를 관철할 동력을 끌어낼 수 있습니다.

마음을 돌리는 시기는 나이와는 별 상관이 없다.
살면서 만나는 좋은 기회와 지혜가 있어야 한다.

어떤 사람은 병마에 시달리는 가족을 보고 열악한 환경에 처한 사람들에게 의술을 펼치는 의사가 되기로 결심합니다. 또 어떤 사람은 혼란한 정국을 보고 정치를 하기로 결심합니다. 곤궁한 환경에서 자란 까닭에 고향을 발전시키겠다고 결심하는 사람도 있습니다.

이들은 돈을 벌기 위해서가 아니라, 모두가 행복해질 수 있는 더 나은 사회를 만들기 위해 결심하는 것이지요. 대단한 것을 이루기 위해서가 아니라, 크든 작든 대중의 이익을 위해서라면 언제라도 발 벗고 나설 준비가 되어 있습니다.

사욕을 원심으로 바꾸는 것은 자신이나 가족의 이익을 위해서 움직이던 데서, 점점 자신과 가정에 국한된 이기심을 버리고 공익을 위해 노력하는 것으로 나아가는 것입니다.

55
나 하나 변한다고, 과연 무엇이 달라질까

> 일상생활에서의 아주 작은 도움도
> 나비의 날갯짓처럼 영향력을 발휘해
> 더 많은 선순환을 일으킬 수 있다.

성엄 스님은 "일찍 마음을 돌릴수록 더 행복해집니다. 마음을 돌리기 전, 사욕을 좇는 길은 너무도 고단하기 때문이지요." 하고 말씀하셨습니다.

개인적인 경험이 있기에, 깊이 공감합니다. 빌 게이츠는 가장 큰 영향력을 발휘하고 있을 때 마음을 돌렸습니다. 세계 최고의 갑부가 된 이후, 어마어마한 액수의 돈을 기부하기 시작했으며, 이런 그의 선행은 세계의 관심을 불러일으키고 타인의 본보기가 되었습니다.

비록 자산 규모나 나이대가 빌 게이츠와는 상당한 차이가 있지만, 내 주변에도 옳은 결정을 내린 친구들이 적지 않습니다. 다들 평범한 회사원이고 경제적으로 넉넉한 편도 아니지만, 산간벽지에 사는 어린 이들이 든든한 점심을 먹을 수 있도록 매달 얼마씩 기부하고 있습니다. 옷 한 벌 덜 사고, 커피 한 잔 덜 마시고, 누릴 걸 덜 누리면서 남의 부족함을 채워 주는 것은, 마음을 돌리는 데 있어 아주 좋은 연습입니다.

수입이라고 해 봐야 쥐꼬리만 한 월급이 전부고, 대출금에 생활비를 빼면 손에 쥐는 돈이 얼마 안 되는데도 얼굴 한번 본 적 없는 남을 돕는 것은, 액수의 문제를 떠나서 대단한 선행입니다. 때로는 생각을 바꾼 결과가 어느 한 사람에게만 영향을 미칠 수도 있지만, 이런 영향력이 한데 모이면 모래로 탑을 쌓듯 큰 힘을 발휘할 수 있습니다.

56

'원하는 것'과 '필요한 것'을
어떻게 구분할 수 있을까

욕구가 필요를 뛰어넘으면

소비가 낭비가 된다.

성엄 스님은 이렇게 말씀하셨습니다.

"사람은 많은 것을 원하지만 정말로 필요한 것은 별로 없습니다."

그러나 사람마다 생활 방식이 다르고, '원하는 것'과 '필요한 것'에 대한 구분도 사뭇 다릅니다. 이를테면, 나는 명품 가방이 필요하지도 않고 갖고 싶지도 않지만, 누군가에게는 삶의 이유일 수도 있습니다.

욕구와 필요의 경계선은 대체 어디일까요? 이는 개인의 소득 수준과 사회적 지위, 직업적 특성, 생활 환경 등 여러 조건을 고려해야 합니다. 일반적으로 글씨를 쓰는 데는 평범한 볼펜이면 충분합니다. 그러나 국제 협약을 맺는 자리에서, 아무 데나 굴러다니는 펜을 쓸 수는 없습니다. 때로는 양측 모두 질 좋은 펜으로 서명을 한 다음, 서로 펜을 교환하기도 합니다. 이런 자리에서 쓰이는 펜은 기념비적인 의미가 있어, 협약을 맺고 나면 역사적 유물이 될 수도 있기 때문입니다. 이런 부분을 대충 처리하면, 협약식을 무시하는 듯한 인상을 줘서 가치와 의미가 퇴색될 수 있습니다.

옷차림도 마찬가지입니다. 평상시 집에서 편한 옷을 입는 것이야 제 마음이니 누가 뭐라 할 사람은 없습니다. 그러나 공식적인 자리에서는 반드시 예의를 갖추어야 합니다. 머리부터 발끝까지, 정해진 양식이 있으니, 자리에 맞지 않은 차림새로는 문전박대를 당해도 할 말이 없지요.

특별하고 중요한 예식이나 연회에 참석하기 위해서가 아니라, 그저 유행을 따르고 부를 과시하고 스타일을 뽐내려고, 심지어 그럴 능력이 안 되는데도 단순히 욕심을 채우려 하는 것은 필요가 아니라 욕구에 따른 것입니다.

자신의 처지와 외모에 맞지 않는데도, 남들도 가졌으니까, 예뻐 보이니까, 나도 그만한 돈이 있으니까 대뜸 사들였다가, 나중에야 제게 어울리지 않음을 깨닫기도 합니다. 이것도 필요에 의한 것이 아니라 욕구에 의한 것입니다. 심지어 이것은 소비도 아닌 낭비에 불과합니다.

57

겉치레를 걷어 내고 진짜 나를 보여 주려면
어떻게 해야 하나

상류층 모임에 참석하는 많은 여성이 남의 장신구를 보고 누구 것이 더 비싼지, 몇 캐럿짜리 다이아몬드인지 비교합니다. 굳이 입 밖으로 내지 않아도 속으로는 비교하느라 여념이 없습니다. 서로 비교하는 걸 좋아하다 보니, 욕구를 필요로 착각해 자신을 속이고 밑 빠진 독에 물 붓듯이 낭비와 과소비에 빠지기도 합니다.

그러나 모든 상류층의 모임이 사치스럽지는 않습니다. 모임의 주최자가 진실하고 소박하다면, 참석자들도 '남에게 지면 안 된다'라는 두려움에, 더는 '허영심'으로 무의미하게 다투지 않고 필요로 돌아가게 됩니다.

스크린에서 반짝이는 배우들도 소박한 면이 있습니다. 영화배우 린칭샤林靑霞가 법고산 법회에 참석한 적이 있습니다. 그는 소박한 차림이었으며, 가장 눈길을 끈 부분은 그녀가 달고 있는 보석이 아니라, 고귀한 기질이었습니다.

사람의 고귀함은
몸에 지닌 보석이 아니라,
기품과 도덕심에서 나온다.

성엄 스님의 수행 제자 중에, 그녀처럼 사회적 지위가 있는 많은 여성이 불교에 입문해 불법을 배우면서 마음가짐을 달리했습니다.

스님의 제자 중 굉장히 성공한 여성 사업가가 있습니다. 그녀는 원래 보석에 일가견이 있었지만, 내면을 정진하는 법을 배운 뒤로 관념이 완전히 바뀌었습니다. 늘 가장 비싸고 좋은 보석으로 치장하던 그녀는, 이제 '많은 것을 하려는' 욕구 대신 '필요한 만큼'이라는 관념을 갖고 있습니다.

얼핏 보면 어느 상류층 여성과 다를 바 없는데도, 어느 순간부터 사람들이 그녀를 더 존중하고 가까워지려고 애쓰는 모습이 인상적이었습니다. 자신감이 있으면 중요한 자리도 적당히 예를 갖춰 입으면 그만일 뿐, 더는 과도한 장신구로 돋보일 필요가 없습니다.

58

정욕이 커질 때는 어떻게 해야 하나

정욕은 생물의 본능이지만,
마음으로 극복하고 일상생활에서 조절할 수 있다.

욕망에는 앞서 말한 물욕 외에 정욕이 있습니다. 현대인은 종종 정욕이
라는 난제에 부딪힙니다. 특히 생리적인 충동은 마음을 헤집는 사나운
야수와 같아서, 길들이지 않으면 화를 입기 쉽지요.

『원각경圓覺經』에 보면, 중생은 정욕으로 인해 생명을 얻었다고 언
급되어 있습니다. 다시 말해, 중생은 모두 남성과 여성의 관계가 발전
하고 상호 결합하여 태어난 것입니다. 가장 원시적인 단세포 생물을 제
외하면, 식물조차도 암수의 결합으로 번식합니다.

정욕은 생명의 시작입니다. 고자告子는 "식욕과 정욕이 인간의 본
능"이라고 했습니다. 음식을 먹지 않으면 살 수 없는 것처럼, 성적 결합
없이는 후손을 남길 수 없습니다. 이처럼 정욕은 생물의 본능이지만,

마음으로 극복하고 일상생활에서 조절할 수도 있습니다. 결국 인간은 동물과 다르므로, 생리적인 본능으로만 움직이지 않고 도덕적 제약을 받습니다. 심지어 동물 중에도 평생 한 마리와만 짝을 짓는 종이 있습니다.

성적 충동을 억제하는 방법에 관해, 성엄 스님은 심리적 측면에서 조언해 주었습니다. 먼저 자신을 이해시켜야 합니다.

"분에 넘치는 생각과 상식에서 벗어난 행동을 삼가야 합니다. 이는 모두 남에게 해를 끼치는 부도덕한 행위입니다. 우리는 모두 하나의 인격을 가진 존재로서, 자신에게 더 높은 도덕적 기준을 제시해야 합니다."

운동도 좋은 방법입니다. 체력을 소진하면 정욕도 해소되니까요. 효과적이면서 간편한 운동법으로 팔굽혀펴기가 있습니다. 출가한 사람이라면 절을 하는 것도 좋습니다. 시간을 정해 오 백배를 하면 정욕이 자연스럽게 사그라집니다. 몸의 기가 막힘없이 흐르면, 정욕의 자극이나 성에 대한 반응도 없어집니다.

59

마음의 평안을 바라는 것도 욕심인가

영혼이 더 깨끗하고 잔잔하기를 바라는 등의 욕망은 일단 '수행의 욕망'으로 볼 수도 있습니다. 최근 들어, 세계 각지의 회사원들 사이에 '마음 수련' 열풍이 일었습니다. 그로 인해 수행 정진하여 '원심'으로 '원력'을 얻어 더 높은 영혼의 경지에 이른 사람도 생겨났지요. 그런데 잘못된 수행법으로 인해 오히려 심신이 망가진 사람도 있습니다.

외국의 수련 기관에서 개최하는 소위 '마음 수련' 과정에 참가한다고 큰돈을 쓴 친구가 있습니다. '단식' 단계에서 이미 무리임을 알아차렸으나, 친구는 자신이 해낼 수 있을 줄 알고 단식을 이어 갔습니다. 그러나 2주간의 수련 과정을 마치고 귀국한 그녀는 위출혈에 우울증까지 얻고 말았습니다. 득보다 실이 큰 경험이었습니다. 마음만 앞서 덜컥 수행에 나섰으나, 몸이 준비가 안 된 탓에 결국 자신을 해치고 말았습니다.

수행을 하려면 먼저 몸을 다스려야 한다.

몸이 정돈되지 않으면

마음도 다스리기 어렵다.

성엄 스님은 "수행에는 길을 밝혀 줄 사람이 필요하다."라고 했습니다. 정진 수행은 밤낮을 가리지 않고 끈기 있게 해야 합니다. 그렇다고 목숨을 바쳐서 할 필요는 없습니다.

출가인은 주로 좌선 수행을 하는데, 좌선은 몸과 마음을 모두 다스리는 방법입니다. 선정 수행을 하는 사람은 정해진 시간에 하는 좌선 외에, 운동을 하는 것도 좋은 효과를 볼 수 있습니다.

불경에서 권하는 운동은 아주 단순합니다. 이름하여 '경행經行'이라 하며, 간단히 말해 '산책'입니다. 날마다 정해진 시간에, 혹은 한두 개의 향이 다 탈 동안 가볍게 걸어 주면 혈액 순환에 도움이 되고 뻐근하던 근육이 시원해집니다. 단지 먹지 않거나 잠을 자지 않는 것만으로는 몸을 다스릴 수 없어요. 이를테면 7일 동안 음식을 섭취하지 않고 물만 마시는 방법도 있지만, 몸을 다스리려면 오히려 적당한 시간에 몸을 움직여 주는 것이 더 효과가 있지요.

60

무한 경쟁의 악순환에서 벗어나려면
어떻게 해야 할까

적절한 수행은 자신을 단련하는 데에 확실한 효과가 있습니다. 사욕을 내려놓으면 원심이 생깁니다. 그러나 사람에 따라 이렇게 마음을 돌리는 과정이 순조로울 수도 있고 힘겨울 수도 있어요.

성엄 스님은 부모로부터 '예의 있게 남을 돕고 양보하라'는 가르침을 받았다고 합니다. 스님이 이렇게 말씀하셨습니다.

"남에게 양보하는 것은 곧 한발 물러나는 것이고, 남을 돕는 것은 한발 나아가는 것입니다."

물러나고 나아가면서 사람의 도리를 지키고 남에게 무엇도 바라지 않으면 올바르면서도 치우치지 않을 수 있습니다. 하지만 만약 바르지 못한 사람과 마주하면, 그를 원망하거나 미워하지 말고 그의 처지를 이해하고 가엾게 여기십시오. 동정하는 마음이 생길 때, 원망과 증오는 사라집니다.

최근 들어 사회가 급속히 어지러워졌습니다. 정치권의 권력 다툼이나 극악무도한 범죄가 매스컴을 뒤덮어 민심이 흉흉해지고 두려움이 깔리면서 사회 전반에 이기적인 욕망이 팽배해졌습니다. 개인은 생존을 위해 무한 경쟁을 하며, 진화론에서 말하는 '적자생존'을 당연한 것으로 받아들입니다. 수많은 소수 민족이 경쟁력이 부족하거나 무력이 약해 도태되기도 합니다. 도태될까 두려워 더 큰 힘과 많은 자원을 동원해 저항하다 보면 오히려 더 심각한 대립만 초래할 뿐이지요.

이러한 현상에 대해 성엄 스님이 제시한 해법은, 너그러움과 단단함입니다. 마음이 너그러우면 무한 경쟁으로 인한 두려움을 떨쳐 낼 수 있습니다. 그러나 마음만 넓다고 다 되는 것이 아닙니다. 너그러움에 반드시 단단함이 더해져야 합니다.

단단하다는 것은 자신의 내실을 다진다는 뜻입니다. 다시 말해 지식, 체력, 환경과 자원을 충분히 갖춰야만 비로소 남을 도울 능력도 생깁니다.

너그러움과 단단함이 있으면
경쟁에 대한 두려움이 사라지고
평온하고 자유로워진다.

61
너그럽고 단단해지려면 어떻게 해야 할까

성엄 스님은 "자녀가 너그럽고 단단한 본성을 기르도록 가르쳐야 한다."라고 말씀하셨습니다. 마음이 너그럽고 단단하면, 인간관계가 원만해지고 무한 경쟁의 고리를 끊을 수 있습니다.

지금은 봉사 정신이 필요한 시대입니다. 성엄 스님 자신도 젊은 시절 군 복무를 하며 이를 깊이 체험했다고 합니다.

당시에 부대에서 중대 대표를 뽑아야 했는데, 성엄 스님은 네 명의 후보자 중 한 명으로 나섰습니다. 중대 대표는 그저 명예만을 누리는 자리가 아니라, 중대원을 대신해 모든 일을 책임지려는 마음이 있어야 한다고 생각했기 때문입니다. 그것이 바로 봉사 정신입니다.

스님은 중대원들을 위해 적극적으로 봉사하기 위해 팔을 걷어붙이고 할 일들을 정리했습니다. 그런 스님을 보고, 나머지 세 후보는 마음을 굳혔습니다.

"투표할 것도 없어요. 당신같이 뛰어난 사람이 봉사해야죠."

결국 세 사람은 투표 없이 스님을 대표로 추대했다고 합니다. 성엄 스님은 그때 일을 떠올리며 미소를 지으셨습니다.

"봉사란 자기 이익을 생각하지 않고, 다른 사람을 돕고자 하는 마음입니다. 선거에 나가 표를 얻는 것이 아니라, 마땅히 책임질 마음으로 임하는 것이죠."

> 가장 관심 있고 잘하는 일로 남을 도우면,
> 자연스럽게 이타심이 생긴다.
> 점차 사적인 욕심 대신에 남의 이익을 우선하게 되고
> 자기만 생각하지 않게 된다.

처음 불법을 접했을 때 나는 모든 번뇌를 끊자고 늘 되뇌었습니다. 그리고 많은 사람에게 이렇게 물었지요.

"왜 번뇌하십니까?"

사람들이 번뇌하는 것은 두려움이 아니라 욕망 때문입니다. 따라서 욕망의 초점을 나 자신이 아니라 도움이 필요한 사람에게로 옮기면, 마음속에 두려움이 사라지고 욕망이 줄어듭니다. 그러면 자연히 자비와 에너지가 샘솟아, 속박과 집착에서 벗어나 자유롭고 평온한 삶으로 나아가게 됩니다.

CHAPTER 5

참회와 용서로
자신에게 너그러워지기

좌절과 시련이 닥치면 어떻게 해야 할까?

'내려놓기'와 '포기'는 어떻게 다른가?

'강한 것'과 '강한 척하는 것' '완강한 것'은 어떻게 다른가?

인생을 살다 보면 수많은 좌절을 경험하게 됩니다. 사실 이는, 부메랑과 같아서 결국에는 내 몸이나 마음이 감당해야 하는 부분을 건드립니다. 그 순간 우리 마음에서는 크고 작은 파장이 일어나는데, 이 파장의 크기와 양상은 사람마다 다릅니다. 분노하거나 원망하거나 실망하는 사람도 있고, 오히려 자기를 돌아보며 더 큰 용기를 내어 좌절을 딛고 성장하는 사람도 있습니다.

좌절의 부메랑이 꼭 외부 세계를 빙 돌아 날아오는 것은 아닙니다. 때로는 자기 내면에 있는 길을 따라 날카로운 궤적을 그리기도 합니다. 다시 말해, 좌절은 환경이나 타인을 거쳐 나에게 전달될 수도 있지만, 내 마음이 스스로 만들어 내기도 하지요.

뛰어난 사람 중에는, 남들 눈에는 이미 무척 훌륭한데 정작 자기 스스로 무언가에 얽매여 있다고 생각하는 사람들이 있습니다. 이를테면 높은 이상을 세우고 목표한 것을 이루어 내려 하지만, 기대한 대로 해내지 못한 데 좌절하고, 심지어 운명을 탓하며 풍수사나 점쟁이를 찾아가 운명을 바꾸려 하기도 합니다. 성엄 스님은 이렇게 말씀하셨습니다.

"좌절을 운명 탓으로 돌리는 것은 운명론자의 태도입니다. 불교에서는 인연론을 주장합니다. 인연론은 끊임없이 노력하라는 것이지요. 노력하지 않았거나, 노력이 부족했거나, 노력의 방법이 틀렸기 때문에 좌절과 실패를 겪는 겁니다."

운명론과 인연론은 매우 다릅니다. 운명론은 좌절을 겪으면 자신을 객관적으로 돌아보고 원인을 분석하기보다는, 억울해 하며 미래에 일어날 여러 가능성에 대해서는 무력함을 보입니다. 반면 인연론은 좌절 속에서 방법을 찾아 새로운 길을 개척하거나, 경험자에게 자문을 청하고 겸허한 자세로 현 상황을 받아들이며 최선을 다해 미래를 대비합니다.

만약 좌절했을 때 깊이 성찰하지 않고 그저 운명 탓으로 돌린다면, 자신을 운명에 내맡기는 것이나 다름없습니다. 운명론을 믿는 사람은 위대한 성취는 말할 것도 없고 사소한 일조차 제대로 해내기 어렵습니다.

성엄 스님은 이렇게 당부하셨습니다.

"뜬금없이 하늘에서 음식, 옷, 금, 보석이 떨어질 리 없습니다. 모든 일은 상황에 맞게 노력하고, 기회가 왔을 때 힘껏 붙잡아야 합니다. 만약 인연이 아직 닿지 않았다면 인연이 닿도록 적극적으로 움직여야 합니다."

62

고난을 헤쳐 나갈 용기는 어디에서 나오는가

책을 많이 읽고,

가르침을 청하면 인연이 닿는다.

인간의 지혜와 경험만으로는 좌절을 뚫고 나가는 데 한계가 있습니다. 많이 읽고, 듣고, 가르침을 청하고, 비용을 들여서라도 전문가의 도움을 받는 등 해결책을 찾으려 노력하면 인연이 무르익을 수 있습니다.

　불교에서는 인연을 맺고 끊는 것이 자연의 섭리라고 말합니다. 하지만 가장 중요한 것은 여전히 개개인의 능동적이고 적극적인 태도입니다. 열심히 책을 읽어 지혜를 쌓지 않고, 환경의 변화에 무심하고, 전문 지식을 가진 이에게서 배우려 하지 않으면 인연이 어디에 있는지 알 길이 없습니다.

　성엄 스님께서 금산金山에 법고산을 창건하는 과정도 순탄치만은 않았습니다. 시작부터 적당한 터를 찾지 못해 난항을 겪었지요. 관세음보살께 기도를 드리는 것 외에도, 여러 사람의 도움으로 적당한 장소를 찾고 자금을 마련했습니다. 어느 정도 윤곽이 잡힌 뒤에도, 출가 수행자들은 속세의 관리법과 운영법을 잘 모르는 까닭에 집안의 거사로부터 도움을 받아 터를 사들이고 법당을 짓고 여러 활동을 이어 갔습니다. 그렇게 한 가지 문제를 해결한 다음, 또 다른 문제를 해결하는 식으로 인연이 닿기를 기다린 끝에 애초 계획한 일이 서서히 모양을 갖추어 갔습니다.

시련이 닥쳐도 포기하지 않고 지금의 자리에서 최선을 다한다면, 언제든 다시 일어설 수 있습니다. 성엄 스님은 오래전에 법문을 들으러 오던 불자를 떠올렸습니다. 마흔 언저리였던 그 불자는 부동산업으로 큰 성공을 거뒀습니다. 그런데 부동산 시장이 급락하면서 자금이 전부 묶이고 대출 창구도 막혀 버렸습니다. 지금껏 누리던 부귀영화가 연기처럼 사라지고 온 가족이 끼니를 걱정하는 지경에 이르렀습니다.

성엄 스님은 아직 젊으니 다시 일어설 수 있다고 위로했다고 합니다. 평소에도 책임감이 강했기에 친구들도 그를 믿었습니다. 그는 집안의 돈 되는 물건을 모조리 내다 팔아 빚을 갚았습니다. 사람들은 그가 일부러 채무를 이행하지 않는 게 아니며, 도망갈 사람도 아님을 믿어 의심치 않았습니다. 사업은 망했어도 신용은 그대로였기에 얼마든지 다시 일어설 수 있었습니다. 아니나 다를까, 몇 년 후에 그는 온 힘을 다해 재기에 성공했고, 과거의 부귀영화를 되찾았습니다.

63

좌절과 역경 앞에서
어떤 마음을 가져야 할까

용기 내어 마주하고, 받아들이고,

해결하고, 내려놓는다.

성엄 스님은 좌절한 사람들을 격려하기 위해 네 가지를 제안하셨습니다.

"마주하고, 받아들이고, 해결하고, 내려놓아야 합니다."

그러나 실제로 좌절을 겪으면, 이 네 가지를 실천하기가 쉽지 않습니다. 그래서 성엄 스님께 구체적인 실천법을 물었더니, 스님께서는 이렇게 말씀하셨습니다.

"일단 용기부터 내야지."

심각한 좌절이나 인생의 변고를 겪으면, 사람은 대개 회피하려고 합니다. 마주하는 것 자체가 고통이기 때문입니다. 그러나 아무리 어렵고 고통스럽고 위험해도 똑바로 마주하려고 노력해야 합니다. 피할수록 괴로움만 더 커질 뿐이니까요.

연루된 사람들이 어떻게든 보상을 받아 내려고 거머리처럼 달라붙을 테니 피하려 해도 소용없습니다. 차라리 용기 내어 마주하고 사과하고 책임을 지는 편이 낫지요.

무엇보다 상대에게 진심을 담아 "미안합니다. 용서해 주십시오. 제 잘못에 대한 책임을 지겠습니다."라고 말해야 합니다. 지금 갚을 수 있다면 당장 갚고, 당장 갚지 못한다면 상대의 이해를 구한 다음, 갚을 수 있을 때 갚아야 합니다.

어쩌면 상대가 사과를 받아들이지도 않고, 용서하지 않을 수도 있습니다. 하지만 시간이 지나도 진심으로 잘못을 뉘우치고 사과한다면, 언젠가는 용서받게 될 것입니다.

자발적으로 참회하는 것도 용기입니다.

> 좌절과 역경을 만났을 때,
> 우리가 가장 먼저 잘못을 뉘우치고 사과해야 할 대상은
> 바로 우리 자신이다.

세월을 헛되이 보내 이룬 것이 없는 것도, 엉망인 생활 습관 탓에 몸에 병을 키운 것도, 인연을 함부로 대해 인간관계가 형편없는 것도 다 내 탓입니다.

건강 검진 결과, 암에 걸렸음을 안 친구가 가장 먼저 한 생각은 '왜 하필 저입니까?'였습니다. 아무리 생각해도 제 잘못이 아닌 것 같았지

요. '몸에 나쁜 음식을 즐기지도 않았고, 딱히 건강에 해로운 일을 하지도 않았는데, 왜 이런 일이 생겼단 말인가!' 하고 절규했어요.

그러나 평소에 독서를 즐겼던 친구는 환경 오염이 암 환자 급증의 원인임을 알게 되었습니다. 식품 속 발암 물질, 오염된 공기와 물 등 건강에 해로운 물질이 너무 많아져, 아무도 암에서 자유로울 수 없지요.

그래서 두 번째로 이런 생각을 했습니다. "왜 저는 아니었나요?" 자기 삶을 깊이 들여다본 친구는, 과도한 업무 스트레스가 면역력에 영향을 미쳤다고 판단해, 가혹하지만 현실을 받아들이고 의사의 권유에 따라 적극적으로 치료에 임했습니다.

자발적으로 참회하는 것도 용기다.

64
현재와 과거의 문제 중
무엇을 먼저 해결해야 할까

불경에 이런 이야기가 나옵니다. 석가모니 부처님의 아들인 라훌라는 전생에 어린아이였을 때, 개구리, 뱀 등을 굴 안에 가두었다가 엿새 동안 풀어 주지 않은 심각한 말썽꾸러기였습니다. 이에 벌을 받아 어머니 뱃속에서 6년 동안 머문 뒤에야 태어날 수 있었습니다. 이런 인과 이야기는 선행을 권장하기 위해 만든 것입니다. 오늘날, 불법이 인과를 강조하는 이유는 인과로 과거를 해석하기 위해서가 아니라 앞을 보고 살라고 말하기 위해서입니다.

현실 세계에서 겪는 일을, 과거에 발생한 업장의 인과로만 해석하는 것은 눈앞의 문제를 해결하는 데 도움이 되지 않습니다. 오히려 "액운을 없앨 수 있다."라고 말하는 이들에게 돈만 뜯길 수도 있습니다.

인과론으로 과거에 있었던 일을 해석하려 하지 마세요. 인과가 아무리 분명하더라도, 지금에 와서 과거에 벌어졌던 일을 되돌릴 수 없고, 현실 문제를 해결하는 데도 도움이 되지 않습니다. 지금 벌어진 일을 어떻게 해결하느냐가 더 중요합니다. 그래야 현재의 문제를 해결하고 미래의 변화에 영향을 줄 수 있습니다.

문제를 처리할 때는 올바른 방법을 찾아야 합니다. 힘을 쓰되, 제대로 써야 하지 않을까요? 진심으로 사태를 해결하려 하지만, 그 방법이 잘못돼 일을 망치는 사람들이 있습니다. 예컨대 돈이 필요하다고 사채를 끌어 쓰는 경우가 그러합니다. 돈이 필요하면, 어떻게든 제도권 금융 기관에서 빌릴 궁리를 해야지, 사채업자부터 찾아갔다가 이자가 이자를 낳아 결국 더 심각한 상황에 놓이게 됩니다.

최선을 다했다면, 결과에 상관없이 손을 놓으세요.

예컨대 뱀에게 물려 병원 치료를 받았다고 해 봅시다. 해독은 되었지만, 뱀에게 물린 자국은 당분간 그대로 남을 것입니다. 상처를 수시로 들여다본다고 해서 자국이 빨리 없어질까요? 신경 끊고 걱정을 접으면, 상처가 희미해지든 말든, 내 기분과 생활에는 아무 영향도 미치지 않습니다.

> 인과는 과거의 일을 해석할 때가 아니라,
> 현재와 미래의 일을 처리할 때 응용해야 한다.

65

목표를 달성하기 어렵다면
계속할 텐가, 포기할 텐가

기분이 언짢다고
제자리에서 의미 없는 싸움을 하며 자신을 망치지 마라.

한 번은 성엄 스님이 일본에서 겪은 일을 말씀해 주셨습니다. 대입 시험에서 실패해 N수생의 길에 들어선 사람을 일본말로 '로닌浪人'이라고 하는데 첫 시험에 실패하면 '이치로一浪', 재수에 실패하면 '니로二浪', 삼수에 실패하면 '산로三浪'라고 부른다더군요. 그들은 네 번째마저 실패하면 대부분 포기하고 취업해서 밑바닥부터 실력을 다져간다고 합니다. 고등학교까지만 졸업해도 경제적으로 자립할 수 있으며, 창업해서 회사 CEO가 될 수도 있습니다.

해마다 낙방하면서도 오랜 세월 시험에만 목매고 기술을 배울 생각은 안 하는 것은 '내려놓지 못하는' 어리석음의 소치입니다. 좌절과 시련이 닥치면 최선을 다해 해결해야 합니다. 최선을 다했는데도 목표를 달성하기 어렵다면, 제자리에서 맴돌지 말고 서둘러 대안을 찾는 것이 더 나을 수도 있습니다.

'만두 이론'이라는 것이 있습니다. 만두를 현장에서 직접 빚어 파는 가게가 맛있다고 소문이 났습니다. 어떤 사람이 제 앞에 다섯 사람밖에 없는 것을 보고 5분만 기다리면 되겠거니 하고 느긋하게 기다리고 있었습니다. 그런데 웬걸, 앞에 서 있던 사람들이 다들 100개씩 사는 바람에 무려 두 시간이나 기다렸는데도 제 차례가 오지 않았습니다. 그 상황이 되자, 그는 맛있는 만두가 먹고 싶어서 계속 기다리는 건지, 너무 오랜 기다림에 짜증이 나 끝장을 보자는 마음으로 계속 기다리는 건지, 자신도 답을 할 수 없었습니다.

언짢음은 이성적인 판단이 아니라 일시적인 감정입니다. 도박에 빠진 사람들도 처음에는 다 잃은 돈이 아깝고 언짢은 마음에 조금씩 더하다가 결국 패가망신에 이르고 맙니다. 그렇다면 언제까지 버텨야 할까요? 정보를 모으고 주변 상황과 내 조건을 잘 살펴야 합니다. 줄 서서 만두를 사기 전에 앞에 있는 사람들에게는 만두를 몇 개씩 살 건지, 주인에게는 만두를 몇 개나 더 빚을 수 있는지 먼저 물어봤어야 합니다. 열정과 의지로만 행동하지 말고 이성적으로 평가해야 합니다. 주식 투자도 마찬가지입니다. 손실액이 일정 수준에 이르면 전부 매도하도록 설정해야 그나마 얼마라도 남길 수 있습니다. 언짢은 기분에 휘둘려 새로 시작할 용기와 나아갈 방향이 흔들려서는 안 돼요. 제자리걸음만 하다가는 더 큰 손해를 볼 수 있습니다.

66

남을 위한 희생은 어리석은 일인가, 용기 있는 일인가

용기는 이성적인 평가가 전제되어야 합니다. 일시적인 감정으로 내린 결정은 맹목적인 충동일 뿐입니다. 물론 매사에 백 퍼센트 잘 해낼 자신이 있어야만 움직이는 것은 아닙니다. 그 정도 확신이 있으면 굳이 용기를 내야 할 필요도 없습니다. 적어도 60% 이상의 자신감이 있어야 과감히 시도할 수 있습니다. 그 정도 승산도 없이 무턱대고 뛰어드는 것은 용기가 아니라 객기입니다.

공익을 위해 용기는 내는 경우, 설령 그 힘이 미약하더라도 당장 움직이지 않으면 영영 기회를 놓친다는 생각에 '천만 명이 가로막아도 내 길을 가리라' 하고 뛰어듭니다. 이를 통해 더 많은 동지를 불러 모을 수 있는 것입니다. 계획적으로 차근차근 밀고 나아가는 것도 용기의 표현이라 할 수 있습니다.

성엄 스님은 '향엄상수香嚴上樹'를 통해, 용기의 최고 경지란 이상을 위해 자신의 생명까지 바칠 수 있는 것이라고 설명했습니다.

향엄 선사가 선을 배우는 사람들을 시험했습니다. 그들이 깨달음을 얻고자 하는 결심이 얼마나 굳은지 보기 위해, 스님은 화두를 던졌지요. "절벽 위에 나무 한 그루가 비스듬히 서 있다. 발로 나무를 밟지 않고 손으로 가지를 잡지도 않고, 입으로만 나뭇가지를 물어 버티고 있는데 누가 와서 도를 묻는다면 답할 텐가?" 그러자 누군가 답했습니다. "묻지 말아야 할 때 물었으니 대답하지 않아도 됩니다." 또 다른 사람이 답했습니다. "굳이 입으로 답할 필요 있습니까? 따귀도 충분히 답이 될 겁니다." 그 말에 향엄 선사는 껄껄 웃었습니다. 선사는 이들이 사유의 함정에 빠지지 않고 나름의 생각이 있음을 발견했습니다.

성엄 스님은 다른 각도로 이 화두를 해석했습니다.

"나뭇가지를 입에 물고 있는데 누군가 도를 물어 왔고, 대답을 해주는 것이 상대가 깨달음을 얻는 데 도움이 된다면, 절벽 아래로 떨어져 죽는 한이 있더라도 대답해 주는 것이 용기입니다."

선종에서 말하는 용기는 내려놓는 것입니다. 자기중심적인 생각을 내려놓는 순간, 깨달음이 찾아듭니다. 스님께서 이 화두를 재해석하신 이유는 용기를 보여 주기 위해 함부로 목숨을 버리라고 종용하기 위함이 아니라, 일깨우기 위함입니다.

원대한 이상과 결심, 지략에 주도면밀한 계획이 더해져야
진정 큰일을 이룰 수 있다.

67

시국이 어지러울 때는
어떻게 자아를 성장시킬까

더 오랜 시간을 들여 기다리고,

참고 인내하는 것도 용기다.

인생에서 특별히 용기가 필요한 일들이 있습니다. 하나, 역경을 뚫고 나가는 데 용기가 필요합니다. 둘, 잘못을 참회하는 데 용기가 필요합니다. 셋, 다른 사람을 용서하는 데 용기가 필요합니다.

역경을 뚫고 나가는 용기는 사실을 인지하는 데서 나옵니다. 세상에 공짜는 없습니다. 위업을 이루려면 시간, 돈, 노력, 정신적 고통 등 엄청난 대가를 치러야 합니다. 대가를 치르지 않고 위업을 이루려는 것은 이상이 아니라 망상입니다.

성엄 스님은 특히 우리가 간과하기 쉬운 생각을 깨닫게 했습니다. 성공의 대가는 성공하기 전에 치를 수도 있고, 성공으로 가는 중에 치를 수도 있고, 당연히 성공한 뒤에 치를 수도 있습니다.

용기를 낸다고 곧장 역경을 헤쳐 나갈 수 있는 것은 아닙니다. 때로는 환경의 변화에 따라 자신을 갈고닦으며 더 긴 시간 참고 기다리는 것도 용기입니다.

성엄 스님은 원래 민남불학원과 한장교리원에 입학하려고 했으나 당시 시국이 어지러워 뜻을 이루지 못했습니다. 이후 불학원들이 모두 문을 닫고 출가인의 신분마저 유지할 수 없는 상황이 되고 말았습니다. 격변의 시대를 살아가는 사람은 어쩔 수 없이 타협해야 하는 부분이 있습니다. 그때는 계속 불법을 알리고 불제자로 살아가기가 어려웠습니다. 결국 승복을 지니고 군에 입대한 성엄 스님은 대만으로 건너와 군에서 10년을 보냈습니다. 그 10년 동안 스님은 다시 승복을 입을 날만 기다렸습니다.

스님은 역경 속에서 현실을 받아들이면서도 독서와 창작을 통한 성장을 꾀했습니다. 10년이라는 긴 세월 동안 믿음을 지키고 불퇴전한 것은 다 굳은 결심과 용기 덕분이었습니다.

역경을 벗어날 용기를 내면, 어지러운 현실은 뒤로 하고 미래를 내다보는 긍정적인 힘이 솟아납니다.

믿음, 희망, 용기는 삼위일체의 힘입니다. 성엄 스님은 이를 신앙의 긍정적인 힘으로 꼽았습니다. 신앙은 눈앞의 곤궁함이 아닌, 미래의 이상을 보게 만들지요. 과거에 겪은 억울함과 괴로움에서 벗어나기 위해서만이 아니라, 앞으로 나아가기 위해 경건한 신앙이 있어야 합니다.

68

무심코 저지른 잘못이라도
뉘우쳐야만 할까

잘못을 뉘우치는 데는 큰 용기가 필요합니다. 많은 이가 나약한 내면을 감추기 위해 차라리 회피하고 맙니다. 잘못을 알면서도 인정할 용기가 없는 사람도 있고, 잘못했다고 생각하지 않는 사람도 있습니다.

성엄 스님은 "참회는 매우 중요한 수행입니다. 이는 수행 과정에 반드시 있어야 합니다."라고 말했습니다. 잘못을 저질러 남에게 상처를 입혔다면 당연히 참회해야 합니다. 잘못한 것 같지 않더라도 상대방이 언짢아할 때도 참회해야 합니다. 때로는 좋은 뜻으로 한 행동이나 무심코 한 말이 상대방을 불쾌하게 만들기도 합니다. 그럴 뜻은 티끌만큼도 없었더라도 참회해야 하는 것입니다.

길을 가다가 우연히 만난 옛 친구에게 근황을 묻고 가족의 안부를 물었다고 해 봅시다. 그런데 하필 그가 빚더미에 올라 가족과 떨어져 지내고 있다면 호의로 건넨 말이 비꼬는 말로만 들릴 것입니다. 그로 인해 상대의 감정이 상했다면 당연히 참회해야 합니다.

> 참회는 무심코 벌어진 일에 마음 상한 사람에게 사과하고
> 상대방이 입은 피해를 보상하며,
> 다시는 같은 일이 발생하지 않을 것을 약속하고
> 상대방의 이해와 용서를 구하는 것이다.

스승과 제자 사이에 벌어진 사건이 언론에 보도된 적이 있습니다. 학생이 선생님의 평가에 앙심을 품고 무려 20년 동안 보복을 감행한 이야기였습니다.

선생님은 졸업을 앞둔 학생이 기백이 넘치는 사람이 되기를 바라는 마음에서 성적표에 "도량을 키우라."라고 적었습니다. 그런데 학생은 이를 모욕으로 받아들여 앙심을 품은 것이지요. 그로부터 20년 동안, 학생은 밤마다 장난 전화를 걸어 선생님을 괴롭혔습니다. 그로 인해 밤에 걸려 오는 전화는 아예 받지 못할 정도로 두려움에 떨던 선생님에게 결국 안타까운 일이 벌어지고 말았습니다. 선생님의 어머니가 병으로 쓰러져 응급실에 실려 가자 친척들이 전화를 걸었는데, 선생님은 또 장난 전화인 줄만 알고 받지 않았던 것입니다. 그렇게 선생님은 어머니의 임종을 지킬 기회를 놓치고 말았습니다.

학생은 자그마치 20년이나 선생님을 괴롭힌 끝에 찾아가 용서를 빌었습니다. 선생님 또한 자신의 말이 오랫동안 학생을 괴롭혔다는 사실에 괴로워하며 잘못을 반성했습니다. 그리고 앞으로는 더 신중하게 말을 고르기로 다짐했습니다.

69

진정한 참회란 과연 무엇일까

참회는
자신을 책임질 용기가 있을 때 할 수 있다.

나는 더없이 떳떳하고 그 누구에게도 잘못을 저지른 적이 없다고 생각하는데, 상대방은 오랫동안 마음에 담아 두고 괴로워하는 경우가 있습니다. 뭔가 잘못한 일이 있을 때만 참회를 하는 것이 아닙니다. 잘못한 일이 없다고 하더라도 상대방이 나로 인해 괴로워한다면 참회해야 하는 것이지요.

참회의 대상은 꼭 내 곁에 있거나 만난 적이 있는 사람이 아닙니다. 딱히 잘못한 일이 없더라도 뭔가 일이 순조롭게 흘러가지 않고 온갖 걸림돌에 부딪힌다면, 전생의 업장으로 인해 보이지 않는 중생이 방해하는 것일 수 있습니다. 이는 다 참회의 대상입니다.

천주교에서는, 신자들이 성직자를 찾아가 고해하고 참회합니다.

성직자들은 귀로 들은 바를 입으로 옮기지 않으며 끝까지 비밀을 지킵니다. 그러나 성직자도 결국은 평범한 인간인지라, 만약 실수로 말을 흘리면 고해를 한 사람이 곤란해지게 됩니다. 불교는 부처님께 직접 참회하라고 권합니다. 성엄 스님도 불자들이 무슨 잘못을 저질렀는지 일일이 알고자 하지 않습니다. 부처님 앞에서 스스로 잘못을 뉘우치고 새롭게 거듭나라고 합니다.

우리는 종종 저도 모르게 말실수하거나 잘못을 저질러, 의도치 않게 남의 기분을 상하게 만듭니다. 잘못을 저지르고도 누구에게 참회해야 할지 모르겠다면 부처님께 참회해야 합니다.

불자는 날마다 불경을 외우면서 잘못을 뉘우치는 게송을 왼다. "지난 세월 제가 지은 모든 악업은 옛적부터 탐貪(욕심), 진瞋(성냄), 치癡(어리석음)로 말미암아서 몸과 말과 생각으로 지었사오니 제가 이제 모든 죄업을 부처께 참회합니다." 이렇게 부처님께 참회의 마음을 밝히고, 지난날에 지은 악업을 인정하고, 앞으로는 '탐진치'를 내지 않을 것이며, '탐진치'로 인해 타인을 아프게 하지도 않으리라는 다짐입니다.

참회는 자기 행동에 책임을 지는 것입니다. 자신이 기대를 저버리거나 푸대접한 사람에게 진심으로 사과하려면, 잘못을 뉘우치는 한편, 상대의 마음을 달래 주고 싶은 뜻을 전하고 구체적인 행동을 보여야 합니다.

70

잘못을 뉘우치면, 어떤 변화가 일어날까

참회의 본질은 자아 성찰이다. 잘못을 뉘우쳐야 성장할 수 있다.
피해자가 모르거나, 기대하지 않거나,
보상을 바라지 않더라도, 참회는 그 자체로 의미가 있다.

참회의 대상에는 나도 포함됩니다. 내 행동이 꼭 다른 사람에게만 해를 끼치는 것은 아닙니다. 만약 최선을 다하지 않고 대충대충 해서 과업을 망쳤다면 마땅히 자신에게 참회해야 합니다. 평소에 준비를 소홀히 하고 게으름만 피우다가 굴러온 좋은 기회를 놓치고, 귀인이 제 발로 찾아와도 인연을 소중히 여기지 않았다면, 잘못을 뉘우쳐야 합니다.

자신에게 참회해야 하는 경우가 하나 더 있습니다. 수많은 잘못이 얽히고설켜, 모두가 공범이자 피해자가 되는 경우입니다. 이때는 전 세계에, 모든 사람에게 참회해야 하지만 참회의 대상이 뚜렷하지 않으므로 내면으로 돌아가 자기에게 참회해도 무방합니다.

성엄 스님은 '환경 보호'를 그 전형적인 예로 들었습니다.

"지구라는 행성을 파괴한 데는 전 인류가 책임이 있습니다. 따라서 잘못을 뉘우치고, 앞으로는 환경 보호에 힘쓰며 쓰레기를 덜 만들고 자원을 낭비하지 않겠다고 다짐해야 합니다."

유명 작가인 천즈판陳之藩이 "감사할 사람이 너무 많으니 하늘에 감사하자."라고 말한 적이 있습니다. 참회에 관한 성엄 스님의 말씀을 들으니 천즈판의 말을 이렇게 바꿔도 될 듯합니다.

"참회할 대상이 너무 많으니 자기에게 참회하자!"

진심으로 참회하는 사람들도 있습니다. 이들은 경문을 욀 때마다 지난날 자기로 인해 피해를 본 대상에게 참회합니다. 누구에게 피해를 주었는지, 어떤 잘못을 저질렀는지, 그것이 어떤 영향을 미쳤는지는 모르지만, 잘못을 뉘우친 그 마음이 피해를 본 사람들에게 전해질 수 있도록 부처께 참회합니다. 그저 자기 마음의 평안을 구하는 것이라서 피해자가 위안을 얻을지는 미지수이지만, 마음에서 비롯된 참회는 스스로 성장할 기회를 줍니다.

71

남에게 상처를 입혔다면,
어떻게 보상해야 할까

스스로 참회하는 것과 별개로,
남에게 상처를 입혔다면 보상해 줘야 한다.

내가 잘못을 사과한다 해도, 상대가 실제로 얻는 것은 없습니다. 그래서 참회의 가장 중요한 의미는 자신을 돌아보고 부족한 점을 고쳐 더 나은 사람이 되는 데 있습니다. 참회를 통해 이기심을 내려놓고 후회와 원망, 번뇌에서 벗어날 수 있습니다.

참회와 별개로, 남에게 피해를 줬음을 알게 되면 제대로 보상해 줘야 합니다. 나의 보상 능력만 생각하지 말고, 상대가 바라는 보상도 고려해야 합니다. 피해자 중에는 지난날의 고통을 떠올리기 싫어, 그저 더 이상 그 일로 괴로울 일이 없기만을 바라는 사람도 있을 것입니다. 반면에 정신적 고통과 명예 훼손까지 보상받기를 바라는 사람도 있고, 금전적 보상을 바라는 사람도 있을 것입니다.

예전에는 피해에 대한 보상으로, 공개적으로 잘못을 뉘우치고 사과했음을 모두가 알게 하여 피해자의 명예와 감정 상태를 회복시키는 데 힘썼습니다. 물질적, 금전적 보상에 관해서는 양측이 잘 협상해야 하겠지요. 그러나 그 어떤 보상으로도 정신적, 물질적 피해를 복구할 수 없을 때는 그저 피해자가 더 넓은 아량을 베풀어 용서하는 길밖에 없습니다. 그러지 않으면 가해자가 잘못을 뉘우치고 보상해 주려고 해도, 피해자와 가해자 모두 마음에 얹어진 돌을 내려놓기는 어렵습니다.

참회는 『논어』에 나오는 "하루에 세 번 자신을 살핀다."라는 말과 비슷합니다. 다만 성엄 스님은 이런 말씀을 하셨습니다.

"반성은 참회와 결이 비슷한 부분이 있으나 참회가 반성보다 더 심오합니다. 반성은 내가 잘못했으니 죄를 뉘우치고 고치겠다는 것이지만, 참회는 단순히 잘못을 깨달아 고치는 것이 아니라 책임을 진다는 것이지요. 어떻게 잘못을 만회할 것인지가 중요합니다."

잘못을 만회하는 방법은 두 가지가 있습니다. 하나는 피해자에게 보상해 주는 것이고, 다른 하나는 최선을 다해 다른 사람을 돕는 것입니다. 특히 피해자가 이미 세상을 떠났거나 어디 있는지 모를 때, 피해자가 용서하지 않고 보상도 거부할 때는 다른 사람들에게 더 베풀려고 노력해야 합니다.

72

상대가 용서하지 않으면 어떻게 해야 할까

참회와 용서 사이에서 잘못을 만회함으로써
서로의 상처를 봉합해야 하지만,
반드시 '눈에는 눈, 이에는 이'라는 식의
일대일 대응을 하려 해서는 안 된다.

지금도 우리 사회는 물과 기름처럼 갈라져 서로 대립각을 세우곤 합니다. 이는 정말로 대중의 의견이 갈려서 그런 것이 아니라, 불순한 의도를 가진 일부 정치인들이 틈만 나면 증오를 부추겨 대중을 갈라 놓고 양측의 충돌을 통해 어부지리를 챙기려 하기 때문입니다. 선거철마다 이렇게 갈등을 부추기고 대립을 조장하는 자들을 보게 됩니다. 이데올로기로 갈라치기를 일삼고, 마음의 상처를 어루만지기는커녕 오히려 증오를 확대 재생산하며 더 큰 증오, 더 심한 대립을 조장하는 비열한 정치인들만 이득을 보게 됩니다.

과거에 박해받았던 수많은 사건은 입에 올려서도 안 되는 역사적 상처가 아닙니다. 상처를 이겨 내고 앞으로 나아가고자 하는 마음과 측은지심, 자기 성찰의 태도로 진상을 제대로 밝히고 같은 잘못을 되풀이하지 않으려는 생각은 다 선량하다고 볼 수 있습니다. 그러나 일부 정치인들은 참회할 줄도 모른 채 계속 불온한 의도로 갈라치기를 시도하고 대중의 상처를 제 정치적 도구로 활용합니다. 그 사건들의 직접적인 피해자와 가해자가 모두 세상을 떠난 마당에도, 온갖 추잡한 수로 굳이 그 자손들을 들쑤셔 대립을 이어 가게 만듭니다.

나는 예전에 라디오 프로그램을 진행하면서 판단 기준에 대해 말한 적이 있습니다. 누군가가 비극적인 역사적 사건에 대해 아는 바를 이야기했다고 칩시다. 그 말을 다 듣고 나서, 마음이 평온하고 그저 안타깝고 용서가 되고 번뇌에서 벗어나고 있음이 느껴진다면, 당신이 그 문제에 있어서는 이미 앞으로 나아가고 있다는 뜻입니다. 그런데 말을 다 듣고 나서 더 긴장되고 화가 나고 앙갚음하고 싶다면, 이는 당신에게 좋지 않은 말이겠지요. 어쩌면 객관적이지 않고 해롭기까지 한 선동질일 수 있습니다.

잘못을 저질렀다면 반드시 참회해야 합니다. 피해를 보았더라도 너그러이 용서할 수 있어야 합니다. 참회와 용서는 모두 용기에서 나옵니다. 참회와 용서 사이에서, 잘못을 만회함으로써 피해자와 가해자 사이 갈등의 골을 메워 나가야지, '눈에는 눈, 이에는 이'라는 식의 일대일 대응을 하려 해서는 안 됩니다.

'눈에는 눈, 이에는 이'는 보복이지, 용서가 아닙니다.

73

쉽게 용서한다면,
잘못을 눈감아 주는 셈이 되지 않을까

누구나 처음 세상에 나왔을 때는 눈처럼 깨끗한 백지상태입니다. 그러다 주변 환경과 교육에 따라 점차 선악의 개념을 갖게 되고, 선한 행위와 악한 행위를 구분하게 되지요. 설령 나쁜 사람이라 할지라도 교육을 통해 악한 생각과 행동을 고치고 새롭게 거듭나면 좋은 사람이 될 수 있습니다.

많은 문명국가에서 이런 교화가 이루어지고 있습니다. 설령 살인을 저질러 감옥에 갔어도, 교화를 통해 새 사람으로 거듭났다면 사형에 처할 필요까지는 없습니다. 그러나 끝내 잘못을 뉘우치지 않는 완고하고 비열한 자들은 논외로 칩시다. 이들에 대한 사형 판결 여부는 전 사회의 의견을 수렴해 결정하는 것이 맞습니다.

사업이 번창해 크게 성공한 기업가가 있었습니다. 어느 날 그의 아내가 사고를 당해 죽고 말았습니다. 가해자는 택시 기사였는데, 음주

운전이나 부주의로 인한 사고가 아니라 차체 결함으로 인한 사고라고 주장했습니다. 피해자의 남편은 가해자의 말을 믿고 법원에 선처를 호소했습니다.

"설령 그가 중형을 선고받는다고 해도 제 아내는 살아 돌아올 수 없습니다. 그의 가정만 풍비박산 날 뿐이지요. 그러니 선처를 베풀어 주십시오."

피해자 가족으로부터 관대한 용서를 받은 가해자는 인생의 심오한 의미를 마음 깊이 깨달았습니다. 이 용서는 피해자의 자비에서 비롯된 것입니다. 아내를 잃고 고통스러워하던 피해자는 역지사지의 마음으로, 가해자의 의도치 않은 잘못으로 그의 가정이 파괴되는 것을 두고 볼 수 없었습니다. 택시 기사가 몇 년 동안 옥살이를 해도, 심지어 사형을 구형받아도, 그에게는 보상이 될 수 없었습니다. 아니, 오히려 또 다른 가정에 대한 가해였습니다. 택시 기사를 딱하게 여긴 측은지심이 용서의 마음을 개화시켜 인간의 선량함을 드러냄으로써, 그 자신도 해탈을 얻고 가해자도 감형되었습니다. 참으로 고귀한 이야기가 아닐 수 없습니다.

용서의 대상과 그가 저지른 잘못을 분리하는 법을 배워라.
그가 저지른 범죄 행위는 법의 판단에 맡겨라.
안 그러면 자신만 평생 괴로울 뿐이다.

74

지울 수 없는 상처를 입었는데도
용서해야 할까

용서는 자비로워지려고,

또는 상대방을 위해서 베푸는 것이 아니라,

나의 해탈을 위한 것이다.

용서는 고귀하나, 결코 쉬운 일이 아닙니다. 특히 상대에게 받은 상처가 클수록 더욱 어렵겠지요.

지금도 현역으로 활동 중인 대만 톱스타 바이빙빙白冰冰은 일본 가수 우타다 히카루Utada Hikaru의 〈First Love〉를 번안해 불렀지만, 원곡의 감성과 스타일을 잘 살리지 못해 여론의 뭇매를 맞았습니다. 그런데도 TV 스크린 속 그녀는 태연자약했고 용감했습니다. 사실 그녀의 이런 담대함은 끔찍한 인생의 시련을 겪으면서 길러졌습니다. 1997년 대만을 완전히 뒤집어 놓은 살인 사건을 기억하는 사람이 분명 있을 것입니다. 바로 바이빙빙의 딸이 납치 끝에 잔인하게 살해당하고 시신까지 버려진 사건 말입니다. 평범한 사람이 이 정도로 끔찍하고 고통스러운 일을 겪을 가능성은 거의 없습니다.

온 사회를 격분시킨 비극적인 사건의 피해자 가족은 여생을 끔찍한 고통에 시달립니다. 사건이 일어난 지 오랜 시일이 지났음에도, 여전히 가해자를 용서해야 하는 이유를 알 수 없습니다. 가해자가 결국 법의 심판을 받아도 피해자 가족의 아픔은 달랠 수 없습니다. 사랑하는 가족이 잔혹한 범죄의 희생양이 되면, 남은 가족은 영혼이 갈가리 찢기는 고통을 느낍니다. 이런 고통은 시간이 흐른다고 줄어들지도 않습니다.

성엄 스님은 피해자 가족의 고통을 덜기 위해 마음을 돌려 보라고 제안합니다.

"피해자를 온 사회에 가르침을 주고 성장시키기 위해 스스로 희생한 보살의 화현化現(불보살이 중생을 교화하고 구제하기 위해 다양한 모습으로 세상에 등장함)으로 여기세요. 그리고 나쁜 짓을 저지르면 끝이 좋을 수 없다는 사실을 가해자가 깨닫게 하세요."

이런 비극적인 사건의 피해자들은 모두 보살의 화현으로, 자기 육신을 바쳐 대중에게 귀한 가르침을 줍니다. 만약 피해자 가족이 오랜 고통에서 해탈을 얻어 더 자비로운 마음으로 창생의 고통을 품을 수 있다면, 비슷한 비극을 겪은 이들과 함께 아픔을 이겨 내고 사랑의 힘을 되찾을 수 있을 것입니다.

부처의 자비 속에서 용서의 힘을 얻기만 한다면, 깊은 원한도 서서히 옅어지다 사라질 것입니다. 그렇지 않으면 마음 깊이 박힌 응어리로 인해 가장 큰 해를 입는 사람은 결국 자신입니다.

용서하지 않는다고 가해자가 더 큰 벌을 받는 것도 아닌데, 피해자는 고통의 심연으로 떨어져 헤어나지 못하게 됩니다. 용서는 '다른 사람이 저지른 잘못으로 자기를 계속 벌하지 말라'고도 해석됩니다. 가해자를 용서하지 않으면 자신만 더 괴로워질 뿐입니다.

잘못을 저지른 사람이 참회해야 하는 것과 마찬가지로, 내가 용서한다고 해서 가해자가 무엇을 얻지는 않습니다. 용서는 오롯이 자기반성이며 스스로 책임을 다하는 것입니다. 용서는 자비심과 측은지심의 발로이자, 진정한 해탈을 얻는 길이기도 합니다.

75

가까운 사람의 배신으로 입은 상처는
어떻게 치유해야 하나

다친 마음은 쉽게 치유되지 않습니다. 한 남자가 아내의 가장 친한 친구와 바람이 나고 말았습니다. 아내는 너무 큰 배신감에 남편을 용서할 수 없었지만, 어린 자식을 생각해 차마 이혼하지 못하고 어떻게든 '완벽한 가정'을 유지해야 했습니다. 퇴근하는 남편의 발길은 날마다 집으로 이어졌지만, 아내는 남편과 각방을 썼습니다. 얼굴을 마주하며 지내는 것조차 고통인데 용서는 가당치도 않은 말이었지요.

성엄 스님은 그런 아내에게 이렇게 조언했습니다.

"바람을 피운 남편에게 마음을 가라앉힐 시간을 주십시오. 그러면서 남편이 진심으로 잘못을 뉘우치고 마음을 돌렸는지 보세요. 만약 진정으로 뉘우쳤다면 앞으로 서로가 어떻게 해야 가정이 화목해질지 이야기해야 합니다."

이는 '파경破鏡'에 이른 부부가 재결합하는 것이 아니라 묵은 감정을 추스르고 새로 감정을 쌓는 것입니다. 파경 후에 재결합해도 한번

깨졌던 자국은 그대로 남지만, 새로 감정을 쌓는 것은 거울 자체를 바꾸는 것이므로 서로의 내면을 더 깊이 들여다보게 합니다.

만약 남편이 잘못을 뉘우치지 않고 도리어 "이렇게 된 마당에 나도 가정으로 돌아가고 싶지 않아요."라고 한다면 어떻게 해야 할까요? 배우자가 인생의 동반자가 아니라 원수가 되어 버렸다면, 서로에 대한 미움은 갈수록 커질 것이고 자녀에게도 악영향을 미칠 것입니다. 이런 결혼 생활은 더 이어 갈 가치가 없습니다. 원래 불교에서는 이혼을 권하지 않지만, 원한은 푸는 것이지 맺는 것이 아닙니다. 부부 사이가 되돌릴 수 없는 지경에 이르렀다면, 헤어지는 것이 낫습니다.

> 나를 사랑하지 않는 사람을 떠나보내는 것도
> 용기 있는 용서이다.

'그래도 이런 점은 좋았잖아'라면서 배우자의 좋은 점만 되새기는 것과 배우자가 저지른 잘못만 곱씹는 것은, 얼핏 보면 서로 다른 것 같지만 자신에게 상처를 입혔다는 점에서는 다를 바가 없습니다. 배우자가 외도를 저질렀다면, 두 사람이 앞으로 계속 같이 살 생각인지, 살 수 있는지와는 별개로 먼저 용서하는 법을 배워야 합니다.

나에게 상처 입힌 사람을 용서하는 것은, 좋게 보자면 오히려 감사할 일입니다. 상대방이 준 상처로 인해 강인해지는 법을 배웠고 상대방이 준 충격을 발판 삼아 더 힘차게 나아갈 수 있었으니까요.

용서하지 않으면 마음속에 늘 응어리가 남아 원망이 들끓습니다.

머릿속을 맴도는 생각 탓에 늘 괴롭고 슬프지요. 이는 스스로 불러온 번뇌이자 괴롭힘일 뿐, 지혜가 아닙니다. 상대를 너그럽게 용서하고 마음의 응어리를 풀 수 있다면, 언젠가 마음에 기쁨이 깃들 것이고, 적어도 들끓던 마음을 가라앉힐 수 있을 것입니다.

76

'강한 것'과 '강한 척하는 것'은
무엇이 다른가

살다 보면 온갖 시련이 찾아들기 마련입니다. 역경을 이겨 내면서 겪는 고통, 과거의 잘못에 대한 참회, 가해자에 대한 용서는 모두 마음을 단단하게 만들어 고난 앞에서 낙관적이고 굳세게 살아갈 힘을 줍니다.

강한 것은 강한 척하는 것이 아니고, 완강한 것은 더더욱 아닙니다.

능력과 자원이 부족하고 안목도 없으면서 남이 하니 나도 할 수 있다고 생각하는 사람은 주제 파악이 안 된 사람입니다. 주제를 모르고 행동하고 지혜롭지 않으면서 고집만 부리는 것은 '강한 척'입니다. 반면 완강함은 어려서부터 길러진 성격입니다. 완강한 사람은 자의식이 넘치는 탓에 안 될 것이 뻔히 보이는 데도 남의 충고를 귓등으로 넘기고 제 뜻대로 밀어붙입니다.

대만에는 "산에 호랑이가 있음을 알면서도 굳이 호랑이가 있는 산에 오른다."라는 속담이 있습니다. 생각도 계획도 없이 제 고집만 내세우며 괜한 위험을 무릅쓰는 것은 완강한 것입니다.

언행이 부드럽고 예의 바른 사람을 두고 성정이 유약하다느니, 패기가 없다느니 하고 깎아내리는데, 이는 용기에 대한 오해에서 비롯된 것입니다.

진정한 용기는
겉으로 드러난 용맹함과 강직함이 아니라,
내면의 강인함과 의연함이다.

현대 일본의 유명 건축가인 안도 다다오安藤忠雄는 건축학과 출신이 아닙니다. 스무 살이 넘어 부단한 노력과 끈기로 독학한 끝에 건축계에 발을 들여놓은 인물이지요. 그가 남긴 명언이 있습니다.

"나는 졸업증서를 받은 적이 없어서 평생에 걸쳐 인생의 증서를 좇았다."

그는 "용기 있는 사람만이 사회에 기여할 수 있다."라는 지론을 가졌습니다. 십여 년 전, 안도 다다오는 일본 진언종 혼푸쿠지本福寺 확장 공사 설계를 맡았습니다. 새 법당의 설계 심사를 맡은 서른 명의 신도는 그가 내놓은 '수어당水御堂' 설계안을 보고 격렬히 반대했습니다. 그들이 늘 보아 온 익숙한 법당과는 너무도 달랐기 때문입니다. 안도 다다오는 권위를 상징하는 거대한 지붕을 없애는 대신, 법당 입구 한가운데에 연꽃이 가득한 거대한 원형 연못을 넣었습니다. 안도 다다오의 설계안을 받아들일 수 없었던 신도들이 사찰의 고승에게 의견을 구했습니다. 그런데 뜻밖에도 고승은 전례 없는 설계안이 마음에 든 듯했습니다. '연꽃'이 불교의 기원이라는 이유에서였지요. 고승이 찬성한 마당에 계속 반대할 수 없었던 신도들도 생각을 바꿔 안도 다다오의 기발한 설계안을 받아들였습니다. 그리하여 탄생한 진언종 혼푸쿠지 수어당은 '물의 절'이라고 불리며, 참배객과 관광객의 발길이 끊이지 않는 유명한 사찰이 되었습니다.

77

인생의 순경과 역경에서,
용기는 어떤 힘을 발휘할까

"용기는 난폭하지 않고 맹목적이지 않으며 타인과 싸우지 않습니다. 이는 쉽게 굴하지 않고, 끈기 있게 나아가는 힘입니다."

성엄 스님이 한 말입니다. 용왕직전勇往直前 즉, '용감하게 나아간다'는 것은, 그저 무식하게 앞만 보고 달리는 것이 아니라 나아가야 할 때는 나아가고 물러나야 할 때는 물러나는 것입니다. 여기서 물러난다는 것은 2보 전진을 위한 1보 후퇴로, 결국은 더 힘차게 나아가는 것임을 스스로 잘 알기에 가능합니다.

진정한 용기는 꿋꿋이 목표를 추구하는 의지입니다. 그 과정에서 맞닥뜨리는 작은 걸림돌이나 사소한 문제에 집착하지 마세요. 꿋꿋하되 집착하지 않아야만 용기가 진정한 효과를 발휘할 수 있습니다. 확고하게 추구해야 할 것은 목표이고, 집착해야 할 것은 큰 방향이지 사소한 부분이 아닙니다. 장애물을 만나면 무리하게 뚫고 나가려다가 만신창이가 되지 말고, 돌아가거나 때를 기다려서 문제를 해결해야 합니다.

목표를 향해 달려가다 보면, 크고 작은 장애물과 좌절이 있기 마련입니다. 이때 다소 일이 진척되지 않아 적잖은 인내심이 필요합니다. 그러나 기본 방향과 원칙만 그대로라면, 사소한 부분은 적당히 타협해도 괜찮습니다. 일부 동물들이 환경과 서식지에 따라 몸의 색깔을 바꾸는 것도 생존을 위해서입니다.

생존은 불변의 원칙입니다. 이 원칙을 지키기 위한 자잘하고 구체적인 방침은 상황에 따라 적절히 바뀔 수 있습니다. 곤충들이 환경에 적응한 것을 보면 배울 점이 참 많은데, 곤충들은 유연한 신체와 강직한 용기로 적자생존에 성공했습니다. 승승장구하고 있든, 나락에 떨어졌든, 당신에게 필요한 것은 용기입니다.

> 나락에 떨어졌을 때의 용기는
> 앞으로 나아가게 하고,
> 승승장구할 때의 용기는
> 자만하여 주제넘은 짓을 하지 않도록
> 신중함을 길러 준다.

석가모니 부처님은 대웅大雄, 대력大力, 대자비大慈悲라고도 불립니다. '대웅'은 두려움을 뛰어넘는 힘과 용기를 뜻하고, '대력'은 지혜와 교화로 중생을 바른 길로 이끄는 힘을 의미합니다. '대자비'는 모든 중생을 불쌍히 여겨 널리 사랑하는 자비심을 나타냅니다. 이는 태만하지 않고 정진하는 힘으로, 누구도 막아서거나 파괴할 수 없습니다.

이를 파괴하려 하면 눈앞에서 사라지고, 악인이 파괴할 수 없는 힘임을 깨닫는 순간에 다시 나타나며, 실패를 두려워하지 않고 실패하더라도 다시 나타납니다. 이것이 바로 용기입니다.

CHAPTER 6

사랑하기와 사랑받기

자신을 향한 사랑과 타인을 향한 사랑이 서로 부딪힐 때는
어떻게 해야 하나?
때로는 일부러 인색하게 굴며
상대에게 '베풀지 않는 것'이 오히려 '베푸는 것'이 될 수도 있는가?
사랑은 반드시 대등한 희생이 따라야 할까?

날이 저물면서 오가는 사람과 차들이 점점 늘어났습니다. 아래층으로 내려가 길을 건너서 모퉁이를 돌았습니다. 매일 반복해서 가는 길인데도 새로운 느낌이 들었습니다. 성엄 스님과 이야기하기 전에는 내가 '사랑'을 잘 안다고 생각했습니다. 그런데 돌아오는 길에, 사랑에 한층 더 가까이 다가갔음을 깨달았습니다.

예전에는 양쪽이 똑같이 주고, 준 것을 되돌려 받는 것이 사랑이라고 생각했습니다. 사실 세상에는 이보다 더 높은 경지의 사랑이 있습니다. 조건 없이, 보답을 바라지도 않는 이런 사랑을 '자비'라고 부릅니다. 남녀 간의 사랑이든, 부모·자식 간의 사랑이든 이런 사랑이 있어야 합니다.

예전에 여러 종교의 경전을 읽으며, 불교는 기독교와 달리, 사랑을 상당히 함축적으로 표현한다고 생각했습니다. 기독교에서는 드러내 놓고 사랑을 말합니다. 곳곳에 쓰인 "하나님은 당신을 사랑합니다."라는 글귀도 그렇고, 교회 결혼식에서 종종 듣는 "하나님께서 당신을 사랑했듯이, 온화한 마음으로 아내를 사랑하십시오." "하나님을 사랑하듯 아내를 사랑하고, 아내도 남편을 존경하십시오." 같은 말도 그렇습니다. 이에 비해 불교가 사랑을 가르치는 원칙은 함축적이고 간접적입니다.

예전에는 동양인이 원래 좀 함축적으로 말하는 편이고 '사랑'을 대놓고 말하고 싶지 않아, 뜻이 비슷하면서도 더 넓게 해석할 수 있는 '자비'로 대신한 줄 알았습니다. 그러나 성엄 스님의 말씀을 듣고 불경을 다시 읽어 보니, 사실 사랑에 대해 언급한 빈도와 깊이가 결코 적지 않아, 이를 깊이 깨달으면 사랑 때문에 괴로울 일은 없겠다 싶더군요.

『대장경大藏經』은 광대한 지혜가 담긴 경전으로, 사랑의 다양한 면모를 이야기합니다. 불교에서 말하는 사랑은 대략 세 가지 단계로 나눌 수 있습니다. 만약 사랑을 양파처럼 한 겹 한 겹 벗길 수 있다면, 눈물이 줄줄 흐를 일은 없을 것입니다. 자비심은 한없이 맑고 광활한 물과 같기 때문이지요.

78
자신을 먼저 돌보는 것은 이기적일까

> 자기를 돌볼 수 있는 능력을 갖춰야만
> 마음의 빗장을 풀고
> 나의 마음을 미루어 헤아리고 해탈에 이를 수 있다.

자기를 돌보더라도, 그 마음을 미루어 남의 처지를 헤아릴 수 있다면 이기심에 빠지지 않습니다. 어떤 사람들은 온 힘을 다해 자신을 돌보는데, 자기 수행에만 몰두한 나머지 타인을 간과해 저 혼자만 좋은 결과를 누립니다. 수행할 때, 남에게 관심을 가지지 않고 남을 위해 애쓰지 않는 사람은 이기적이고 자비심이 없는 사람입니다. 자신의 문제를 스스로 해결할 수 있다면, 남도 나와 같은 어려움을 겪지는 않을지를 헤아려야 합니다.

병에 걸렸다가 나았는데, 같은 병에 걸린 사람을 보면 곧장 도울 생각부터 하는 것이 인지상정입니다. 그런데 제 병이 나았다고 다른 병자를 본체만체한다면, 이는 자비심이 부족한 것이겠지요.

사실 이기적인 사람은 자기 안의 문제를 제대로 해결할 수 없습니다. 그릇이 너무 작은 탓에, 내면의 불안감을 해소할 수 없기 때문입니다. 이기적인 사람의 마음에는 빗장이 걸려 있습니다. 이 빗장이 단단할수록 벽이 높아지고 안전감은 줄어들어, 윙윙 바람 소리에도 간담이 서늘해지지요.

이를 해결하기 위해서는 자비심을 가져야 합니다. 타인을 배려하고 심중의 빗장을 풀고 벽을 허물어야만 진정한 해탈에 이를 수 있습니다.

몇 년 전, 처음으로 홍콩에 자유 여행을 갔다가 비행기에서 내리자마자 소매치기를 당해 현금, 여행자 수표, 신용카드, 대만행 비행기표, 비자, 여권을 몽땅 도둑맞았습니다. 순간적으로 머릿속이 하얘졌습니다.

경찰이 와서 사건 경위를 기록하기 시작하자 겨우 정신을 차리고 스스로 위로했습니다. '특별한 경험을 한 셈 치자. 서류들을 재발급받는 방법도 배우고 무일푼으로 홍콩에서 살아남는 법도 익히는 거지. 그리고 비슷한 일을 겪은 사람들이 참고할 수 있도록 지금 겪은 일을 글로 남기자.' 그렇게 마음먹으니 더는 당황스럽지 않고 용기가 차올랐습니다. 이는 모두 자비의 힘이었습니다.

79

'내려놓기'는 '포기'의 다른 말인가

'내려놓기'는 계속 노력하되

더는 미련을 갖거나 번뇌하지 않는 것이다.

반면 '포기'는 마땅히 져야 할 책임도 지지 않으려는 것이다.

'포기'에 대해 이야기하려니, 비슷한 의미의 '내려놓기'가 떠올랐습니다. '내려놓기'와 '포기'는 과연 어떻게 다를까요?

성엄 스님에 따르면, '포기'는 아무것도 원치 않는 것입니다. 기대도 없고 책임지지도 않습니다. 반면 '내려놓기'는 심리적 부담과 근심은 한쪽에 치워 두고, 끊임없이 노력해 나가는 것입니다.

어떤 유명 연예인에게 일어난 일입니다. 그녀의 딸은 2년 전 집을 나간 뒤로 소식이 끊겼습니다. 그러던 어느 날, 청천벽력 같은 일이 벌어졌습니다. 딸이 사이버 범죄에 연루돼 경찰의 지명 수배를 받게 된 것입니다. 그녀는 한사코 따라붙는 기자들에게 붙잡혀 어쩔 수 없이 카

메라 앞에 서서 딸의 잘못을 비난했습니다. 하지만 그보다 더 나은 방법이 있지 않았을까요? 속상함과 분노를 잠시 누르고, 이렇게 말할 수도 있었을 것입니다. "엄마는 영원히 너를 사랑한다. 너에게 무슨 일이 생기든 엄마가 옆에서 함께할게." 그랬다면 엄마가 잠시 자신에 대한 기대를 내려놓되, 엄마로서의 책임과 의무는 내려놓지 않았음을 딸이 알았을 텐데 말입니다.

여기에서 '내려놓은 것'은 잘못을 저지른 자식에 대한 엄마의 분노와 원망, 그리고 자식의 과실뿐이며, 엄마로서의 책임은 여전히 그녀 몫입니다. 마음은 내려놓고 행동은 포기하지 않은 것입니다.

잘못된 길을 걷던 자식이 되돌아오면, 더는 잘못을 탓하거나 되새기지 말고, 같은 잘못을 또 저지를까 봐 지레 염려하지도 말고, 그저 변함없는 모습으로 포근하게 품어 줘야 합니다. '내려놓기'는 기억하고 담아 두고 되새기지 말라는 것이고, '포기'는 더는 관여하지 않겠다는 것으로, 이 둘은 의미가 완전히 다릅니다.

80

어떻게 해야 이별조차 아름다울 수 있을까

생명이 계절에 따라 오가듯이, 사람도 오고 갑니다.

사랑하는 무언가를 놓아 주고 나면 아쉬움이 남습니다. 그렇다면 사랑이 변해 사랑하는 사람이 떠났을 때 상처 입은 몸과 마음을 어떻게 다스려야 할까요? 사랑은 꽃이 피고 지는 것과 비슷합니다. 그렇다면 사랑의 감정이 사그라지면 어떻게 해야 할까요?

활짝 피었던 사랑이 시들면, 누구나 실의에 빠집니다. 마치 버려진 것 같을 때는 내면세계로 들어가 스스로 되뇌세요. '이미 끝난 일이다. 아름다운 추억으로 간직하자'라고.

이미 떠난 사람이 얼마나 좋은 사람이었는지, 얼마나 사랑했는지 되새기지 말고, 더는 두 사람을 '우리'로 묶지 마세요. 책을 읽든, 운동을 하든, 친구들과 수다를 떨든, 정신을 쏟을 다른 일을 찾으세요.

가장 기본적이면서도 중요한 것은, '상대가 떠나지 않았다면 참 잘해줬을 텐데'라는 생각을 버리는 것입니다. 이는 지극히 자기중심적인 생각입니다. '나와 결혼했다면 행복했을 텐데.' '나랑 헤어진 건 다 그 사람 손해야.' 상대의 앞날을 축복하는 대신, 날 떠난 것은 손해라는 식으로 생각하는 것은 좋지 않습니다.

지혜로운 생각을 하세요. 인연이 여기서 끝났으니 번뇌해 봐야 소용없습니다. 더는 번뇌하지 마세요.

> 사랑은 꼭 상대에게 많은 것을 주는 게 아니다.
> 사랑의 방식에는 '빼기'라는 것도 있다.
> 이는 감정이나 물질 대신, 최선을 다해
> 상대의 번뇌와 부담, 기대, 소유를 줄이는 방식의 사랑이다.

현대인은 너무 많이 바라고, 또 너무 많이 줍니다. 이러다가 모두 감정의 벼락부자가 될 지경입니다. '더하기' 사랑 대신, '빼기' 사랑을 하면 연인 간이든, 부모 자식 간이든, 더 행복하면서도 자유로운 관계가 됩니다.

애지중지 키워진 아이가 있었습니다. 아이는 툭하면 떼쓰고 소리 질러 원하는 물건을 얻어 냈습니다. 그러다 보니 자연스럽게 '떼쓰고 소리 질러 원하는 것을 얻는' 못된 습관이 들었습니다. '더하기' 대신 '빼기' 사랑을 통해, 어떻게든 아이의 물욕을 줄이고 소비에 대한 집착을 창의력이나 남에 대한 배려와 관심으로 돌린다면, 더는 물건을 사달라고 떼쓰지 않을 것이며 자신감 있는 사람으로 거듭날 수도 있습니다.

'빼기' 사랑은 헤어진 연인에게도 필요합니다. 상대가 헤어지기를 원하면, 내가 여전히 상대를 사랑하더라도, 더는 더하지 말고 '근심'도 빼고, '번뇌'도 빼고, '부담'도 빼세요. 그러면 자연히 그 사랑에 대한 집착이 사라집니다.

성엄 스님은 선 수련을 하러 온 사람들에게 늘 이런 말씀을 하셨습니다.

"여러분이 여기 온 것은, 우리로부터 뭔가를 얻기 위해서가 아니라 여러분이 가진 많은 것을 내려놓기 위함입니다. 여기서 들은 것이 여러분의 짐이 되어서는 안 됩니다. 집착하지 말고 내려놓으세요. 내려놓지 않으면, 짐이 무거워지고 괴로워집니다."

대개 선 수련을 하러 온 사람들은 가르침을 얻어 남들보다 더 지혜로워지기를 바랍니다. 그러나 이는 잘못된 생각입니다. 얻는 것이 아니라 내려놓는 것입니다.

81
가장 높은 차원의 사랑은 무엇일까

자비는 사랑의 최고 경지로,

마음의 울타리를 뛰어넘어

모든 사람에게 미친다.

불교의 자비가 특별한 이유는, 대상을 가리지 않고 조건 없는 사랑을 강조하기 때문입니다. 과거 브라만교에서 유래한 힌두교의 신은 사람을 네 가지 계급으로 나누었습니다.

첫 번째 계급은 '브라만Brahmana(산스크리트어로 '신학적 통제자'라는 뜻)'으로 사제를 가리킵니다. 이들은 종교 제사를 주재하는 사람입니다.

두 번째 계급은 '크샤트리아Kshatriya'로 무사를 가리킵니다. 왕족과 귀족이 이에 해당하지요.

세 번째 계급은 '바이샤Vaishya'로 일반 평민을 가리킵니다. 농민, 상인, 수공업자를 말하지요.

네 번째 계급은 '수드라Shudra'로 노예를 가리킵니다. 평생 남의 부림을 당하지요.

힌두교도는 사람이 필연적인 윤회의 틀 안에 있으며, 어느 계급에 속하든 그 계급에서 해야 할 의무를 다해야만 해탈의 경지에 이를 수 있다고 믿습니다.

위에서 언급한 네 가지 계급 외에 '불가촉천민'이 있습니다. 이들은 현지 토착민으로 신을 믿을 권리도 없고 신의 사랑도 받지 못합니다. 오직 부처님만이 힌두교의 신조차 외면한 사람들을 자비롭게 감싸 주는 것이지요.

불교는 조건 없는 사랑을 중시하며 극히 포용적입니다. 그래서 많은 종교가 다양한 문화를 존중하며 다른 민족도 포용하는 데 영향을 주기도 했습니다. 자기 민족과 문화만을 우선시하는 것은 편협한 행위임을 알기 때문이지요.

82

속세의 사랑과 불법의 사랑은
무엇이 다를까

'배려하고, 돌보고, 베푸는' 사랑을
'평등하고, 조건 없고, 보답을 바라지 않는' 사랑으로
승화시키는 것이
바로 사랑의 최고 경지다.

사랑에는 흔히 부모의 내리사랑, 연인끼리의 사랑, 친구끼리 또는 사제 간의 사랑이 있습니다. 이런 사랑은, 양측이 모두 배려와 관심을 쏟고, 보답을 바라지 않습니다. 물론 어느 정도의 희생과 때로는 소유하려는 갈망도 있을 수 있으나, 정상 범주를 넘어서지 않으며 서로의 발전을 해치지 않는 수준입니다.

　이보다 낮은 단계의 사랑은 '탐애貪愛'입니다. 이런 사랑은 순전히 개인의 사리사욕에서 비롯되며, 상대방의 재산과 지위, 명예, 영광, 권위를 사랑합니다. 그래서 바라는 것을 얻지 못할 것이란 판단이 서면

더 이상 사랑하지 않습니다. 오직 이기적인 소유욕에서 생겨난 탓에 시련을 견디지 못하는, 얄팍하고 초라한 사랑이지요.

불법은 위의 두 가지 형태를 모두 장려하지 않습니다. 사랑이란 대상을 가리지 않고 조건 없이 베풀고, 배려하고, 돌보는 것입니다. 자기와 인연이 있는 사람만, 자기 민속만, 자기 나라만이 아니라, 모든 사람을 사랑해야 합니다. 모든 이를 차별 없이 평등하게 대하고 '배려, 돌봄, 베풂'을 '평등하고, 조건 없고, 보답을 바라지 않는' 사랑으로 승화시킨 사랑의 최고 경지를 '자비'라고 부릅니다.

모든 사람이 사랑과 배려의 대상입니다. 이런 광범위한 사랑, 무조건적인 사랑, 무한한 사랑이 바로 자비입니다.

83

사랑에서 자비로 이어지는 것은 불가능할까

예전에는 아무리 노력해도 기껏해야 내가 준 사랑과 관심에 대한 보답을 바라지 않는 수준이었을 뿐, 대상을 나누지 않고 평등하게 사랑하지는 못했습니다. 사랑이 자비의 차원에 도달할 수 있다는 것을 안 뒤 몹시 부끄러움을 느끼면서도, 나 또한 그럴 수 있기를 간절히 바랐지요.

어머니께서 중풍으로 병상에 누워 계신 지 거의 30년이 다 됐습니다. 그래서 난 늘 어머니를 돌볼 간병인을 고용해야 했습니다. 고향을 떠나 타지에서 일하는 그들의 처지가 안타까워, 지내는 데 불편하지 않도록 가족처럼 살뜰히 챙겼고, 내 허리띠를 졸라맬지언정 그들에게는 무엇도 아끼지 않았습니다. 그동안 우리 집을 거쳐 간 간병인 중에는 부지런하고 책임감 있는 사람도 있었고 설렁설렁 일하는 사람도 있었지만, 차별하지 않고 깍듯이 대하려고 노력했습니다. 그들 모두를 보살로 여기고 은혜에 감사했지요. 그러나 어찌 됐든 그것은 내 어머니를 돌봐 주는 사람들에 대해 품은 마음이었습니다. 늘 주변을 어지르고 고약한 냄새를 풍기고 시끄러운 소리를 내는 이웃을 사랑과 웃음으로 대하라고 한다면, 나 역시 쉽지 않을 것입니다.

그런 내게 성엄 스님은 자애롭게 말씀하셨습니다.

"자비심은 원래 가까운 데서 먼 데로, 작은 것에서 큰 것으로, 얕은 데서 깊은 데로 키워 가는 것입니다."

능력에 맞게 서서히 키워 가면 됩니다. 가정을 잘 돌보고, 모든 가족 구성원을 똑같이 사랑하는 것부터 시작하세요.

진정한 자비란,
상대방이 원할 때, 나의 호불호에 상관없이
줄 수 있는 만큼 기쁘게 주는 것이다.

내 눈에 예쁘다고 더 사랑하고, 밉상이라고 덜 사랑해서는 안 됩니다. 말로는 "열 손가락 깨물어 안 아픈 손가락 없다."라고 하면서 실제로는 자식을 차별하는 부모가 적지 않은데요. 이는 자비와 거리가 멉니다. 말 잘 듣는 아이만 예뻐하고 청개구리처럼 거스르는 아이는 내친다면, 자비심이 부족한 부모입니다. 진정한 자비는 대상을 가리지 않고 무조건적이기 때문입니다.

84

왜 서로 사랑하면서도 상처를 주는가

아무리 가까운 사이라 해도

조금이라도 통제하려 하면

사랑에 상처를 입힐 수 있다.

진정한 자비를 행하지 못하면, 부모 자식이나 사제 사이처럼 가까운 관계라 해도 통제하려는 욕망이 생겨 서로에게 상처를 줄 수 있습니다. 가장 흔한 사례가 자식을 너무 사랑하고 과도한 기대를 품는 부모에게 이런 '통제욕'이 생기는 것입니다. 이를테면 부모가 자식이 가업을 이어받기를 바라거나, 원하는 사람과 결혼하기를 강요하는 등 마음대로 휘두르려고 하는 것이지요. 출가인의 경우, 스승은 제자가 불법을 전승해 미완의 뜻을 이어 가기를 바랍니다.

수행의 정도와 사회적 지위가 지극히 높은데도, 옛일을 떠올리는 성엄 스님의 미소는 여전히 천진무구했습니다. 과거 스님의 스승님이 자신에게 '뽕나무벌레 새끼'에게 할 법한 기대를 하며 그의 뜻을 잇기를 바라셨던 일을 떠올리며, 얼굴에 안타까움과 감격이 깃든 미소가 서렸습니다. 내 눈에는 '기대를 저버리지 않되 계속 노력하겠다'라는 마음의 표현 같았습니다.

『시경詩經』 소아小雅 편에 이런 말이 나옵니다.

"뽕나무벌레가 알을 낳으니 나나니벌이 업어다 제 새끼로 키우네. 그 자식을 잘 가르치고 깨우쳐 나나니벌처럼 길러 내네."

나나니벌은 스스로 알을 낳지 않아, 후손을 남기기 위해 뽕나무벌레의 알을 데려가 그 곁을 지키며 날마다 말을 겁니다. "날 닮아라, 날 닮아라!" 그러면 시간이 흘러 나나니벌을 꼭 닮은 새끼가 나옵니다.

동양 문명의 영향을 받은 사람은 대체로 후손에게 뭔가를 물려주려고 합니다. 재산이든 불법이든 상관없이 말입니다. 반대로 서양인은 가문의 전통을 잇는다는 관념이 없고, 부모는 자식이 스스로 살아가길 바랍니다. 자식이 원하는 일을 선택해 즐겁게 살면, 그걸로 만족합니다.

성엄 스님의 미국인 제자 한 명은 변호사 어머니와 의사 아버지를 둔 목수였습니다. 그는 자신이 '대가급'의 뛰어난 목수이며, 전문직이면서 돈도 많이 번다고 자랑스러워했습니다.

또 다른 제자는 환경미화원으로 신체 건강하고 힘도 남달랐습니다. 교수 아버지를 둔 그는 환경미화원이라는 직업을 부끄러워하지 않았습니다. 일하는 시간은 짧은데 수입이 넉넉해 삶의 질이 높았고 남는 시간에 자신이 원하는 다른 일을 할 수도 있었습니다. 그런데 우리 사회는 자식에게 부모의 일을 강요하는 경우가 많아 갈등이 심각합니다. 자식의 혼사에도 간섭하는 일이 흔합니다. 이 사람은 이래서 안 되고, 저 사람은 저래서 안 된다고 반대하는 통에 부모도 괴롭고 자식도 괴롭습니다.

통제욕이 지나치면 관계가 깨지고,
상실감으로 인해 둘 다 손해를 보게 된다.

85

자녀의 앞날을 위해
언제까지 뒷바라지해야 하나

성엄 스님은 청소년기에 랑산狼山으로 출가했습니다. 도무지 살길이 보이지 않는 궁핍한 환경에서 고생하는 아들을 두고 볼 수 없었던 어머니의 결정이었습니다. 자식의 장래를 위해 모자의 정까지 내려놓아야 했는데, 이것 역시 일종의 자비였지요.

'초근목피로 연명하더라도 영원히 자식과 함께하겠다'라는 집착을 품지 않은 것만으로도 위대한 어머니였습니다. 그런데 요즘 부모들은 그저 쥐면 꺼질라, 불면 날아갈라, 자식을 애지중지합니다. 손에 물 한 방울 안 묻게 키우려 하면 오히려 자식의 앞날을 망칠 텐데, 참으로 안타깝기 그지없습니다. 지나치게 아끼면, 아이를 망치기 쉽습니다. 애지중지가 오히려 걸림돌이라는 말입니다.

법고산 출가를 원한 수행자 중에 부모의 반대로 뜻을 이루지 못하는 이들이 있습니다. 성엄 스님은 수행자들에게 부모와 잘 상의하라고만 할 뿐, 부모 자식 간의 소통에 끼어들지 않았습니다. 부모들이 제 자식이 남에게 휘둘려 출가하려 한다고 오해할까 염려한 탓입니다.

흥미롭게도, 자식의 출가를 극구 반대한 부모는 대부분 신실한 불자였습니다. 심지어 법고산에서 성엄 스님을 따른 지 오래되었으며, 다른 아이들이 출가하는 모습을 즐겁게 지켜봤던 사람들이었습니다. 그런데 제 자식이 출가한다고 하니, 다들 기를 쓰고 말리려 들었습니다.

<u>이는 친밀한 관계에 집착해, 소유하고 통제하고 자식을 마음대로 휘두르려 하기 때문입니다. 물론 정상적인 반응이기는 하지만, 가족 간의 정도 진화하고 발전해야 놓아 줄 수 있습니다.</u> 자식이 장성하면, 무슨 일을 하든 누구와 결혼하든 부모는 그저 자식의 뜻을 존중해야 합니다. 억지로 부모 뜻에 맞춘다고 따를 리도 없으며, 서로의 감정만 상하고 관계만 악화될 뿐입니다.

서로를 놓지 못하는 것은 친밀한 관계에서 흔히 볼 수 있는 모습입니다. 단단히 잡고 있어야 안심이 된다고 생각하는데, 그러다 보면 놓아야 할 때 놓는 것의 중요성을 간과하고 맙니다. 마치 연날리기나 자전거 타기처럼 놓아야 할 때 놓아 주어야 더 멀리 갈 수 있습니다. 꽉 잡고 놓지 않으면, 사랑이 온전해질 수 없습니다.

자식을 가르치기 전에, 부모가 먼저 가르침을 받아야 합니다. 과도한 애정을 받고 자란 아이는 책임감이 부족하고 남에게 베풀 줄 모르는 까닭에, 인간관계와 연애 전선에 늘 먹구름이 끼기 마련입니다.

놓아 줄 줄 알아야
관계가 발전하고 사랑도 오래갈 수 있다.

86

불안감에 휩싸일 때는 어떻게 해야 하나

안정감은 더 많은 친밀한 관계가 아니라
굳은 믿음에서 비롯된다.
여기에서 말하는 믿음은
자신감 그리고 타인에 대한 믿음이다.

자고 일어나면 달라지는 시대, 불안정한 사회를 살아가는 현대인은 대부분 안정감이 결핍되어 있습니다. 지나친 사랑이 안정감을 줄 수는 있지만, 안정감이 부족한 사람이 더 많은 사람에게 사랑받는다고 해서 내면의 문제가 해결되지는 않습니다.

더 많은 사랑을 받아야 마음의 공허함이 채워질 것이라 착각하면서 중요한 진실을 간과하는 사람이 많습니다. 바로 진정한 사랑은 내가 상대에게 베푸는 것이지, 내면의 헛헛함을 상대의 애정으로 채우는 것이 아니라는 사실입니다.

87

배우자와 친밀한 관계를 맺으려면
어떻게 해야 하나

'남자는 하늘, 여자는 땅'은 이제 옛말이다.
결혼은 평생 서로를 지키겠다는 약속이다.

결혼은 부부가 된다는 맹세로, 일단 결혼했으면 이혼을 입에 올려서는 안 됩니다. 이는 두 사람 다 짊어져야 하는 무거운 책임이지요. 얼핏 들으면 고리타분한 것 같지만, 다음 두 가지를 곰곰이 생각해 보세요.

하나, 결혼하기 전에 서로가 기대하는 친밀한 관계, 사랑에 관해 제대로 이해하고 깊이 생각해 본 적 있나요?

둘, 결혼 후에 문제가 생기면, 무슨 힘으로 지난날의 맹세를 지킬 텐가요?

이 두 문제의 답은 모두 '자비'를 가리키고 있습니다.

사랑은 조건 없는 애정이므로 상대가 예전과 달라졌다고 해서 내 사랑이 흔들릴 이유는 없습니다. 연인, 배우자에 대한 사랑을 자비의 경지로 끌어올려, 설령 상대가 잘못하더라도 곧바로 헤어지자고 하는 대신, 시간과 기회를 준다면 전혀 다른 결과가 나올 수 있습니다.

병원에서 간병인으로 일하던 한 여성이 오랫동안 돌본 만성 질환을 앓는 남성을 사랑하게 되었습니다. 여성은 그와의 결혼을 결심하고 병환 중인 남성을 마지막까지 돌보겠다고 마음을 굳혔습니다. 이게 바로 자비심입니다. 여성은 결혼할 남자가 요양해야 함을 잘 알면서도 그 때문에 상대를 버리지 않았습니다. 남성도 어렵게 얻은 인연을 소중히 여겨 미래를 위해 건강에 더 신경 썼습니다. 이처럼 자비를 바탕에 둔 친밀한 관계는 매우 고귀합니다.

반대의 사례도 있습니다. 아내밖에 모르는 남성이 있었습니다. 그런데 그의 아내가 모임에서 만난 미국인 남성과 바람이 나서 살림을 차렸습니다. 남성은 아내의 외도에 큰 충격을 받았지만, 한편으로는 그 미국인이 사람 보는 눈이 있다고 생각했습니다. 그만큼 제 아내는 사랑받을 자격이 충분하다고 여긴 것이지요. 그렇게 반년이 흐른 뒤, 아내가 다시 돌아오면서 두 사람은 재결합하기로 했습니다. 친구들은 바람난 아내를 받아 준 그를 비웃었지만, 남성은 개의치 않았습니다. "축하해야 할 일이지. 내가 그 미국인보다 낫다는 뜻이잖아."

앞서 소개한 사례들은 둘 다 해피엔딩으로 끝났습니다. 성엄 스님은 이 두 사례를 들어 결혼할 때의 마음가짐에 대해 말씀하셨습니다.

"남자는 하늘, 여자는 땅이라는 구시대적 발상을 버리고 평생 돌봐주고 헌신하겠다는 마음을 가져야 합니다."

88

상대가 나를 더 이상 사랑하지 않아도
정성을 다해야 하나

굳은 맹세가 결혼 생활이나 감정 유지에 도움이 되는 것은 사실입니다. 그러나 맹세는 두 사람의 공동 책임입니다. 만약 한 사람은 성심성의껏 지키는데 다른 한 사람은 헤어지려고 하면 어떻게 해야 할까요?

독자를 대신해 성엄 스님께 그 답을 구해 보았습니다. "다른 사람이 생긴 아내가 이혼을 요구합니다. 남편은 아내가 마음을 돌릴 때까지 기다리겠다는데 아내는 한사코 이혼을 원합니다. 어떻게 해야 할까요?"

성엄 스님은 아내에게 이렇게 말하라고 하셨습니다.

"난 평생 당신만 사랑할 거야. 당신이 날 사랑하지 않아도 괜찮아. 나 혼자 사랑하지 뭐. 우리 결혼 약속을 기념으로 삼자. 돌아와도 되고 안 돌아와도 괜찮아. 이러나저러나 난 당신을 사랑할 테니까."

그리고 남편은 계속 아내를 사랑하며, 아내에게 무슨 일이 생기면 힘닿는 데까지 도와줍니다. 그녀를 가족으로 여겨 죽을 때까지 정성을 다해 대합니다.

결혼할 때 맹세를 하는 것은, 사랑의 결정권과 책임을 갖는 것입니다. 내가 배우자에게 준 사랑은 영원히 변하지 않습니다. 사랑은 똑같이 받기 위해서가 아니라, 내가 주고 싶어서 주는 것이지요.

꼭 내가 사랑한 만큼 되돌려 받아야 하는 것은 아닙니다. 진정한 사랑은 조건 없이 평등하게 주는 것입니다. 그녀가 내 아내이고 남편인 이상, 평생 사랑해야 합니다.

나는 스님의 말씀에 "그건 집착 아닌가요?" 하고 일부러 꼬투리를 잡아 봤습니다. 그러자 스님은 아무렇지도 않게 대답했습니다.

"얼마나 아름답습니까? 인격적으로 참 바람직하지요."

그렇게 말씀하시는 스님의 눈빛과 말투에는 자비로운 낭만이 가득했습니다. 집착은 자신의 사랑이 상대에게 닿지 못하니, 온갖 방식으로 옭아매는 것입니다. 이는 사랑이 아니라 자신과 남을 파괴하는 것이지요. 사랑을 할 때도 정도를 지켜야 합니다.

아무리 조건 없이 주는 사랑이라 해도 상대가 원해야 줄 수 있습니다. 상대가 원하지 않으면 그 사랑과 호의는 마음속에만 간직해야 합니다. 그러다가 어느 날 상황이 변해 인연이 닿으면, 상대가 이 사랑의 진정한 의미를 깨달을 테고, 친밀한 관계를 이어 갈 수 있을 것입니다.

꼭 내가 상대를 사랑한 만큼 되돌려 받아야 하는 것은 아니다.
진정한 사랑은 조건 없이 평등하게 주는 것이다.

89

수많은 관계 속에서
나 자신을 지킬 방법이 있을까

먼저 자신과 친밀한 관계를 맺어야 한다.
자신감이 커지면 내면의 두려움에 맞설 수 있다.

심리학적 관점에서 보면, 자기 자신과 친밀한 관계를 맺는 것이 매우 중요합니다. 사람은 태어나는 순간부터 독립적인 개체입니다. 평소 배우자와 친구, 가족이 곁에 있더라도, 사람은 다른 누군가에게 속하지 않고 독립적으로 존재합니다.

우리는 다른 누군가와 뜻하는 바가 완전히 같을 수 없는 것은 물론이고, 생각이나 성격이 판박이처럼 닮을 수도 없습니다.

다른 사람과 잘 지내려고 노력하되, 그보다 먼저 자기를 잘 돌보고 이해하고 성장시키는 데 주력해야 합니다.

언제 어디서라도 넘어졌으면 스스로 일어나야 합니다. 위로해 주는 사람이 없을 때는 스스로 자신을 위로해야 합니다. 누가 부축해 주지 않더라도 스스로 일어나려고 노력해야 합니다.

나와 가장 가까운 사람은 나 자신입니다. 그 누구도 나를 완전히 이해할 수 없으며 필요할 때마다 도움의 손길을 내밀 수 없습니다. 그러므로 스스로 자신을 돌보고 붙잡아 줘야 합니다. 안 그러면 늘 자신과 갈등을 빚다가 결국 자책감과 자기 연민에 빠지고 맙니다.

자기를 잘 돌보는 사람은 마음이 늘 평온합니다. 하늘이 무너지는 큰일도, 뛸 듯이 기쁜 일도 의연하게 마주합니다. 안 좋은 일이 생겼다고 낙담하지 않고 좋은 일이 생겼다고 우쭐하지도 않습니다.

삶이 늘 평온할 수는 없습니다. 그런데 문제가 생길 때마다 주변 사람들의 도움을 바랄 수도 없습니다. 멀리 있는 물은 눈앞의 불을 끌 수 없습니다. 당면한 상황을 스스로 처리할 줄 알아야, 가장 효과적인 대응책을 찾아낼 수 있습니다.

삶은 예측할 수 없는 일투성이입니다. 홍수에 대비해 둑을 쌓고, 적의 침입에 대비해 성을 쌓듯이, 문제가 생기기 전에 미리미리 대책을 세워야 합니다. 이렇게 문제를 처리하는 능력을 미리미리 길러 둬야 큰일이 생겼을 때 감정에 휘둘리거나 두려움에 빠지지 않고 잘 해결할 수 있는 것입니다.

두려움은 자신감이 부족하고 상황을 잘 모르기 때문에 생깁니다. 자신을 충분히 믿는다면, 어떤 상황도 담담히 맞이할 수 있습니다.

90
세상 곳곳에서 일어나는 충돌을 막으려면
어떻게 해야 하나

사랑의 반대는 증오가 아니라 무관심입니다. 그러나 무관심이든 증오든 다 좋지 않습니다. 억지로 무관심한 척해도, 사실 마음속에는 여전히 응어리가 남아 있습니다. 증오는, 복수심으로 인한 충돌을 일으키기에 더 끔찍합니다.

사랑에는 은혜가 담겨 있습니다. 그런데 어떤 사람은 자신이 베푼 은혜에 대한 보답을 받지 못하면 원망하고 증오하고 보복하려고 합니다. 그러면 보복을 당한 상대는 더 격렬하게 반응해, 증오가 더 큰 증오를 부르고, 복수가 더 큰 복수를 부르는 악순환이 일어나지요. 이런 원한을 풀려면 자비심에서 시작해야 합니다. 자비로운 사람에게 용서는 무조건적입니다. 상대가 나를 원수 보듯 하더라도 내가 그를 원수로 대하지 않으면 점점 원한도 옅어집니다.

세상에는 여전히 기업 간의 경쟁과 민족 간의 대립, 국가 간의 원한이 존재합니다. 그들도 사랑을 알고 있습니다. 자기 회사를, 자기 정당을, 자기 민족을, 자기 종교, 자기 나라를 사랑합니다. 사실 세상의 모든 충돌이 다 사랑에서 비롯됐다고 해도 과언이 아닙니다. 오직 자기만 사랑하고 남은 미워하기 때문에 충돌하게 되는 것이니까요. 남을 '적'으로 보고 그들이 나에게 해를 끼칠 것이라 생각하니, 나의 이익을 지키기 위해 충돌은 물론이고 전쟁도 불사하는 것이지요.

성엄 스님은 이런 충돌을 해결하기 위해서는 우선 모두에게 이롭고, 모두가 안전한 길을 찾아야 한다고 했습니다. 일단 양측이 마주 앉아, 모두가 안전하고, 모두에게 이로운 길이 무엇인가를 의논해야 합니다. 답은 뻔해요. 전쟁이 아닌 '상호 협력'이지요. 서로 상대의 부족한 부분, 결핍된 부분을 보완하고 자원과 지혜, 문화가 부족한 부분을 메우면 세계는 금세 평화를 되찾을 것입니다.

반대로 상호 신뢰가 부족하면, 오늘 합의한 사항을 내일 뒤집는 일이 벌어집니다. 개인의 이데올로기와 신앙, 이념을 양측의 이익보다 우선시하는 순간, 평화로 가는 길은 곱절로 험난해집니다.

오직 자비만이,
사랑으로 인한 충돌을 막을 수 있다.

91

다 알고 나면 이 세상에 대해
극도로 실망하지 않을까

어느 기업인이 있었습니다. 그는 평소 직원들에게 굉장히 까다롭게 굴었고, 회사의 이윤을 그 무엇보다 우선시하며 큰돈을 버는 데만 급급했습니다. 직원 중 그에게 불만이 없는 사람이 없었고 가족들조차 속으로 끙끙 앓았는데, 그 자신도 이 사실을 모르지 않았습니다. 인연이 닿아 부처님의 가르침을 몇 번 접한 그가 말했습니다.

"이제 알겠어요. 내가 이렇게 고생해도 아무도 내 노력을 알아주지 않는데, 차라리 다 때려치우고 산에 들어가는 게 낫겠습니다."

아니요. 그는 몰랐습니다. 사람들은 알아차렸다는 것, 즉 '간파看破'했다는 것을 어떤 사람이나 일에 대해 완전히 실망한 것으로 이해합니다. 그러나 불교에서 말하는 '간파'는 세상만사가 그저 일시적이고 유한하며 일체가 무상함을 깨닫는 것입니다.

성엄 스님은 특별히 강조했습니다.

"파破는 온전한 것을 깨진 것으로 보며, 분명히 존재하는 것을 허상으로 봅니다. 어느 것이든 온전하지 않고 모두 허상이라면, 그 무엇에도 집착하지 않게 됩니다."

사물이라면 쓰임새가 있을 때 도구로 써서 일상에 편리를 더하면 됩니다. 도구에 불과하니 망가질 수도 있습니다. 꽃은 아름답기는 하나, 활짝 핀 다음에는 시들기 마련입니다. 하룻밤만 지나도 말라 버립니다.

정말로 '간파'한 사람은 아름답게 핀 꽃을 보고 이렇게 생각합니다. '아, 얼마 전까지는 그저 꽃봉오리만 있더니 이제 피었구나. 지금의 아름다움은 그저 순간일 뿐, 곧 지나간 일이 될 것이다.' 그래서 지금의 아름다움에 집착하지 않고 보존하려고 애쓰지도 않습니다. 아름다우면 아름답고, 시들면 시든 것입니다. 무상이 곧 정상입니다.

그런데 많은 사람이 어리석게도 꽃의 아름다움에 홀려 그것을 꺾어 소유하고자 합니다. 그러다가 꽃이 시들면 안타까워하고 서글퍼합니다. 이런 사랑은 사랑의 가장 낮은 단계인 '탐애'로 떨어져 끝없는 고뇌에 빠지고 맙니다.

간파를 이해해야 사랑을 자비의 경지로 승화시킬 수 있습니다. 조건에 집착하지 않고 대상을 구분하지 않고 제한 없이 평등하게 나눠 줄 수 있을 때 관계가 자연스럽게 이어집니다.

불교에서 말하는 '간파'는
세상만사가 그저 일시적이고 유한하며
일체가 무상함을 깨닫는 것이다.

92

타인의 호의를 가볍게 받아들여도 될까

내 눈에 성엄 스님은 법력이 매우 높은 위인입니다. 지난 몇 년 동안, 그분과 영혼이 통한다고 느낀 순간이 간혹 있었지만, 그분을 우러르는 경모의 마음이 깊은 까닭에 서로 쉽게 좁힐 수 없는 거리감이 존재했습니다.

그런 마음이 확 드러난 적이 있었습니다. 어느 날, 법고산의 요청으로 대형 연회의 사회를 맡아 스님과 같은 숙소에 묵게 되었습니다. 아침 일찍 일어나 밥을 먹으려는데, 스님을 방해해서는 안 된다는 생각에 일부러 스님이 식사를 마치시기를 기다려 한참 늦게 식당에 내려갔습니다.

그날 저녁, 연회가 끝나고 불자 만여 명의 배웅을 받으며 행사장을 나서려던 스님은 다시 무대 중앙으로 돌아와 내게 말씀하셨습니다.

"뤄취안, 도와줘서 고마워요."

너무도 겸손하고 예를 갖춘 말씀에, 나는 어찌할 바를 몰랐지요.

몇 년 후, 신문에 삶과 죽음을 주제로 한 짧은 칼럼을 실었습니다. 그로부터 닷새도 지나지 않아 성엄 스님에게서 붓글씨로 손수 적은 가르침이 담긴 서신을 받았습니다. 얇디얇은 편지지에서 깊고 깊은 정을 느낄 수 있었습니다. 어느 날, 대담을 마치고 스님의 처소를 떠나려는데, 스님께서 곁에 있던 제자에게 나지막이 말씀하셨습니다.

"손님께 받은 배가 아직 탁자에 두 개 남았으니, 하나는 너희가 먹고 나머지 하나는 뤄취안에게 줘야겠구나."

그러고는 직접 종이봉투 안에 커다란 배 하나를 담아 허리를 굽히시며 내게 건네셨습니다. 속이 꽉 찬 커다란 배에는 깊은 사랑이 담겨 있었지요. 그 무게와 의미가 너무 커서 감당하기 벅찰 정도였습니다. 하지만 성엄 스님께서도 내려놓으셨는데 나 또한 받아들이지 못할 이유가 없었습니다. 그러면 스님의 선의를 서로 간의 영원한 약속으로 삼으면 될 테니까요. 그렇게 나는 사랑과 친밀한 관계에 대해 새로운 깨달음을 얻었습니다.

CHAPTER 7

먼저 원심을 내는 것이
생명의 귀착점이다

사람은 죽고 나서 어디로 가는가?

선을 쌓는 것과 빚을 갚는 것은 어떤 관계인가?

인연을 맺되 원한을 맺지 않으려면 어떻게 해야 할까?

덧없고 괴로운 인생에 뜻대로 되지 않는 일은 어찌나 많은지,

이 와중에 마음의 평안을 찾으려면 어떻게 해야 하나?

학창 시절에 배운 공자의 말씀이 생각납니다.

"삶도 알지 못하는데 죽음을 어찌 알까未知生, 焉知死!"

당시에는 삶의 의미를 잘 모르던 때라, 괜히 앞서서 '죽음'을 걱정하지 말고 먼저 '삶'의 의미를 깨달으라는 말인 줄로만 알았습니다. 그러다가 나이가 들면서 이 말에 담긴 깊은 함의를 깨닫게 되었습니다. 삶의 모든 순간을 의미 있게 살라는 뜻이었습니다.

20여 년 전, 아버지께서 갑자기 중병에 걸려 입원한 지 넉 달여 만에 세상을 떠나셨습니다. 처음에는 아버지의 죽음이 마냥 두렵기만 했으나 시간이 지나면서 육신은 결국 사용기한이 정해져 있다는 사실을 받아들이게 되었습니다. 그때 죽음에 대해 깊이 고민하면서 인생의 의의와 가치를 새로이 들여다보게 되었습니다. 개인적으로는 참 의미 있고 귀중한 경험이었습니다.

그 당시 내 주변의 30~40대 친구 중에는 가족이나 친구를 병으로 잃고 슬픔 속에서 삶과 죽음의 문제에 관한 답을 구하려 애쓰는 이가 많았습니다. 그러나 생사에 관한 의문은 마음속에 갈등만 불러올 따름이었습니다.

종교가 없는 친구들은 '서방 극락정토'니, '천국'이니 하는 말을 곧바로 받아들이지 못했습니다. 그들은 망자의 육신이 안식에 든 후에도 영혼은 그대로 남아 있기를 바라면서도 이승과 저승이 공존할 수 있는지에 의문을 품었습니다.

종교가 있는 친구들이라고 해서 사정이 다르지는 않았습니다. 이미 떠난 사람을 보내지 못하고 하염없이 물었습니다.

"신이시여, 그토록 좋은 사람을 이렇게 일찍 데려가셔야만 했나요?"

죽음을 받아들이지 못하고 인생에 회의를 느끼는 것은 어찌 보면 당연한 일입니다. 또 이런 의문은 죽은 자와 산 자가 얼마나 친밀한 관계였느냐와 관련이 깊습니다. 그다지 가깝지 않던 보통의 이웃이나 친구라면, 세상을 떠났다는 소식을 들어도 그저 안타까워하거나 한숨만 쉴 뿐일 것입니다. 그러나 가까운 가족이나 친구의 죽음은 이루 말할 수 없는 고통을 줍니다.

성엄 스님에 따르면, 보통 사람은 가까운 사람이 죽으면 자신을 돌아보며 반성하는 과정에서 자연스럽게 많은 의문을 품게 됩니다. 이때 신앙이 없으면 올바른 답을 찾기 어렵습니다. 신앙을 가지면 몇몇 의문에 대한 답을 얻을 수 있습니다. 그리고 거기서 더 나아가면, 삶의 의미와 가치를 깨닫게 됩니다.

93

죽은 이의 영혼이 계속 우리 곁에 머물까

과거를 캐묻지 말고 미래를 헛되이 상상하지 말고
현재에만 충실하라.

저명한 여성 작가가 3년 전에 작고한 아버지를 마음에서 놓을 수
없어 법고산에 찾아와 성엄 스님과 이야기를 나눴습니다. 두 사람의 대
화가 대만《연합보聯合報》와 홍콩《명보明報》에 상하, 두 편으로 나눠
실렸는데, 그중 한 부분이 유독 인상 깊었습니다.

성엄스님   아버지가 이제 완전히 사라졌다고 믿습니까? 아니면 그의 생
          명이 여전히 존재한다고 믿습니까?

작가   무엇을 믿어야 할지 모르겠습니다.

성엄스님   보통의 사람이라면 감정적으로는 아직 사랑하는 사람의 생명
          이 존재한다고 믿고 싶어 하죠.

작가   맞습니다. 하지만 이성적인 교육을 받은 우리는 의문을 품을 수밖에 없죠.

이어서 성엄 스님은 삶과 죽음의 문제를 마주한 현대인이 종교를 대할 때 빠지기 쉬운 맹점을 짚어 주었습니다.

성엄 스님   많은 이가 모순에 빠집니다. 부처님의 가르침에서 이로움을 얻고자 하면서도 불교에서 말하는 인과는 믿지 않아요. 이성과 논리에 발목 잡혀 있는 까닭에, 신앙이 들어갈 길이 없어요.

나는 비교적 운이 좋았습니다. 어려서부터 여러 신기한 영감과 직감 덕에 영성 학습에 쉽게 다가가 차근차근 신앙을 기를 수 있었습니다. 나도 한때는 아버지가 왕생하신 뒤에 또 다른 형태로 삶의 여정을 계속하시리라고 확신할 수 있게끔, 나 자신이 충분히 노력했는지 의심한 적이 있습니다. 하지만 사람이 왕생해도 그 영혼이 뜬금없이 사라지는 않는다는 믿음을 의심한 적은 없습니다.

이런 혼란은 그 여성 작가만 겪는 것이 아닙니다. 내 주변의 많은 이가 불법을 수련하는 과정에서 인과나 윤회의 논리를 서둘러 증명하려다가 쉽사리 뛰어넘을 수 없는 난관에 부딪혔지요. 그들의 마음속에는 아주 단순한 의문이 존재했습니다. '만약 내 가족이 왕생 후에 어디로 갔는지, 어떠한 방식으로 나와 생각을 나누고 있는지 증명하지 못한다면, 서방 극락정토의 존재를 믿을 수 없다.' 그렇다면 이를 어떻게 증명해야 할까요?

성엄 스님은 태어날 때부터 이른바 신통력을 가지고 있는 사람이 있고, 후천적인 수행을 통해 선정禪定으로 신통력을 얻는 사람도 있다고 했습니다. 어쩌면 이들은 신통력으로 미래에 일어날 일을 예언하거나 왕생한 가족과 친구가 세상을 떠난 후에 어찌 지내는지 알려 줄 수도 있습니다. 그런데도 믿는 사람은 영원히 믿고, 안 믿는 사람은 영원히 믿지 않지요.

진정한 불법은, 생사윤회의 진위를 증명하기 위한 것이 아니다. 그저 당신이 믿는다면 존재하는 것이다.

어쩌면 소위 신통력을 지녔다는 사람들이 당신을 데리고 사차원을 뛰어넘어 과거를 돌아보고 미래를 내다볼 수도 있습니다. 그것은 최면이나 환술, 마술일까요? 아니면 정말로 가능한 일일까요? 이는 아직 과학적으로 증명되지 않았습니다. 설령 신통력을 가진 사람이 당신에게 전생을 보여 줄 수 있다고 하더라도, 전생은 그저 전생일 뿐입니다. 아주 먼 옛날부터 이어진 수많은 전생을 보여 주더라도, 그 사이의 복잡다단하게 얽힌 인과 관계를 명확히 설명하기는 어렵습니다.

94

생과 사를 뛰어넘어, 무엇을 믿어야 할까

부처님은 현재에 집중하라고 하셨습니다. 전세나 내세를 탐구해 봐야 소용없습니다. 삶과 죽음은 끝이 없고, 과거를 돌아보나 미래를 내다보나 모두 끝이 없습니다. 앞으로도 뒤로도 끝이 없다면, 현재만 보고 살아야 하겠죠. 석가모니 부처님께서 이렇게 말씀하신 것은, 과거세를 알 필요가 없어서가 아닙니다. 이러나저러나 과거세는 과거세이고, 아무리 파고들어도 완벽히 파헤칠 수는 없습니다. 우리가 이번 생에서 해야 할 일은 번뇌에서 벗어나 해탈에 드는 것입니다.

성엄 스님은 농담조로 말씀하셨습니다.

"부처님께서 귀찮은 일을 줄이려 하신 거지요. 다들 찾아와서 전세를 말해달라, 후세를 봐달라 부탁하면 설법할 시간이 없잖습니까. 석가모니 부처님께서는 전세나 후세가 아닌, 현재 직면한 문제를 해결하여 마음의 평안을 되찾고 번뇌에서 해탈하는 법만을 말씀하셨습니다. 이것이 가장 중요해요."

성엄 스님의 말씀처럼, 신앙은 실천이 필요합니다. 실천하면 몸소 체험하게 되고, 스스로 느끼면 믿지 않을 수 없습니다. 신앙은 감정의 영역입니다. 이성적인 논리로만 생각하면, 신앙은 만들어지기 어렵지요.

공자는 신령에게 제사 지낼 때는 신령이 존재하는 것처럼 지내라고 했습니다. 우리는 조상이 존재한다고 믿기에 제사를 지냅니다. 이런 믿음은 마음에 위안을 줍니다. 이는 물질이 아니라 감정으로 이뤄 낸 것입니다.

인과와 윤회에 관해서는 '나비 효과'가 잘 설명해 준다고 생각합니다. 1963년, 기상학자 에드워드 로렌츠Edward Lorenz는 '나비 효과'라는 개념을 소개했는데, 이 개념에 따르면 초기 조건의 미세한 차이에 의해 결과가 불안정해져 엄청난 차이를 불러옵니다. 예컨대 남아메리카 아마존강 유역 열대 우림에 사는 나비 한 마리가 날개를 몇 번 팔랑거린 것만으로 2주 후에 미국 텍사스주에서 토네이도가 발생할 수도 있지요.

그 원리는 다음과 같습니다. 나비의 날갯짓에 주변 공기 시스템에 변화가 일어나 미세한 기류가 형성됩니다. 이 미세한 기류는 주변 공기나 다른 시스템에 그에 상응하는 변화를 일으켜 연쇄 반응을 유발합니다. 이는 최종적으로 어떤 다른 시스템의 극단적인 변화를 일으키지요.

그러나 성엄 스님은 인과가 나비 효과보다 훨씬 더 복잡하다고 말했습니다. 어느 나비의 날갯짓이 어떤 토네이도를 일으켰는지, 확언할 수 있는 사람은 없습니다. 인과는 증명할 수 없습니다. 믿어야만 위로

받을 수 있어요. 불법이 이로운 까닭은 믿음 때문입니다. 믿고 싶지 않다면 도리가 없습니다.

성엄 스님의 가르침에, 끊임없이 스스로 성찰해야 하는 이유를 더 잘 알게 되었고 삶에 대해 더 깊이 깨닫고 싶어졌습니다. 신앙은 외부의 증명이 아니라 마음의 감응으로 세워집니다. 감정의 힘이 논리적 증명보다 큽니다.

신앙은 비논리적인 것이 아니라,
너무도 정밀하고 복잡한 까닭에
단시간 내에 논리적인 개념으로 규명할 수 없을 뿐이다.

95

세상을 떠난 사람에게도
그리움이 전해질까

> 상대와 심리적 감응이 있었다면 의미가 있다.
>
> 어떤 식의 감응이든, 서로의 인연과 관계가 깊다.

가까운 사람의 죽음이 삶의 가치를 다시 생각하고, 정진하거나 깨달음을 얻는 계기가 되기도 합니다. 대학 시절 매우 친한 친구가 있었습니다. 친구는 어려운 가정 형편에도 불구하고 제대 후 가족의 지원으로 미국 유학을 떠났습니다. 그런데 하필이면 친구가 미국에서 석사 과정을 밟고 있을 때, 효도할 기회도 주지 않고 어머니가 돌아가셨습니다. 친구는 어머니의 은혜를 마음에 새기고자, 불도에 정진하고 삼시 세끼 채식만 했습니다. 그와 비슷한 사례로, 놀기 좋아하고 틈만 나면 바람을 피워, 날마다 여자 친구가 바뀌는 고객이 있었습니다. 그런데 아버지가 암으로 갑자기 돌아가시자, 하루아침에 딴사람으로 거듭나 채식을 하고 불도를 닦기 시작했습니다.

20여 년 전, 저의 어머니께서 갑자기 중풍으로 쓰러져 중환자실에 입원했습니다. 그때부터 어머니의 쾌유를 빌며 하루의 첫 끼를 채식으로 먹는 습관을 들였습니다. 아버지가 돌아가시고 '주칠做七(사람이 죽은 뒤 7일마다 49일 동안 망자를 위해 기도하는 일)' 의식을 치를 때 독송해야 해서 경문을 외기 시작했습니다. 더 나아가 스님께서 독송하는 소리를 들으면 마음이 평온해지기에 따라서 독송했습니다.

아버지는 무척 너그러운 분이셨습니다. 자기에게는 엄격하고 가혹했지만, 타인에게는 아낌없이 베푸셨습니다. 아버지는 생전에 스스로 종교 활동을 하신 적이 거의 없었습니다. 그런 아버지가 돌아가시자, 나는 위패를 절에 모시고 우란분절 법회 참가 신청을 했습니다. 어느 날, 아마 새벽 5~6시쯤이었을 것입니다. 꿈에서 아버지가 거실에 앉아 계셨습니다. "아버지, 왜 돌아오셨어요?"라고 묻자, 아버지가 대답하셨습니다. "집에 한 번 돌아와 보고 싶어서 왔지." "이제 어디로 가시려고요?" 그 말에 아버지는 미소를 지으셨어요. "이제 불경을 외러 가련다." 꿈에서 깨어 달력을 보니, 법회가 시작되는 바로 그날이었습니다.

이 이야기를 듣고 성엄 스님께서 저를 위로하셨습니다. "망자가 와도 보지 못하는 사람이 많은데, 그대는 아버지를 뵈었군요." 이는 그리움에 의해 생겨난 단순한 환영일 수도 있지만, 결과적으로 나와 아버지의 심리적 유대 관계가 깊었음을 의미합니다. 이런 신비로운 감응은 감각적일 수도, 분위기일 수도, 심리적 투사일 수도 있습니다. 그러나 어떤 식의 감응이든, 서로의 인연과 관계가 깊습니다.

스님의 말씀을 듣고 있자니, 또 다른 신비로운 경험이 떠올랐습니다. 예전에 한 친구가 신장암에 걸려 반년 동안 병원에 입원한 적이 있었습니다. 어느 날, 저녁 식사를 마치고 문득 어머니께 말했습니다. "그 친구가 곧 부처님을 따라 염불을 외러 갈 것 같아요." 그러고 나서 20분쯤 지나 전화 한 통을 받았습니다. 친구가 세상을 떠났다는 전화였지요. 그저 우연으로 치부할 수만은 없는 일이었지만, 과학적으로는 설명할 길이 없었습니다.

이런 불가사의한 경험을 하고 나서, 생사를 주제로 한 성엄 스님의 저서들을 더 열심히 찾아 읽으며 삶과 죽음에 대한 종교적 해석에 깊이 파고들었습니다. 슬픔에서 벗어날 지혜를 얻기 위해서였습니다.

예전에 성엄 스님이 어머니가 병으로 돌아가셨을 때의 심정을 적은 글을 본 적이 있습니다. 당시 열 일고여덟 살이었던 스님은 이미 출가해 수행자로 살고 있었으나, 어머니께서 돌아가셨다는 소식을 듣고 몹시 안타까워했습니다. 어머니가 살아계실 때 효를 다하지 못했고 돌아가신 뒤에 보답할 길이 없었기 때문입니다. 사흘 동안 통곡한 스님은 염불하고 불경을 독송한 공덕을 어머니께 회향하고, 자신의 몸을 불교와 중생을 위해 바쳐 어머니의 은혜에 보답하기로 굳게 마음먹었습니다.

그런데 염불을 하고 불경을 독송한 공덕을 어머니께 회향하는 것이 과연 의미가 있을까요? 성엄 스님께서는 모자간에 심리적 감응이 있었다면 의미가 있다고 하셨습니다. 그러나 이보다는, 구체적으로 '자신을 봉헌하고 중생을 이롭게 한' 공덕을 어머니께 회향하는 것이 더 큰 의미가 있습니다.

96

극락세계가 정말로 존재할까

생사의 의미를 연구할 때, 다른 친구들과 마찬가지로 나도 이런 의문을 품었습니다. '사람은 죽고 나서 어디로 가는가?' 『불설아미타경佛說阿彌陀經』 속 서방 극락세계는 이렇게 묘사되어 있습니다.

"극락세계에는 칠보로 된 연못이 있는데 그 연못은 여덟 가지 공덕의 물로 가득 찼고 연못 바닥에는 순금 모래가 깔려 있으며, 연못 둘레의 계단은 금, 은, 유리, 파려로 만들어져 있다. 그 위에는 누각이 있는데 그 역시 금, 은, 유리, 파려, 자거, 적진주, 마노로 장엄하게 꾸며져 있다. 연못 한가운데에는 수레바퀴만 한 연꽃이 피어 있는데 푸른 꽃은 푸른빛을, 노란 꽃은 노란빛을, 붉은 꽃은 붉은빛을, 흰 꽃은 흰빛을 내며 아름답고 향기롭고 정결하다."

이 말이 참일까요? 사실 서방 극락세계는 물질적인 세계가 아니라 추상적인 세계입니다. 불경에서 서방 극락세계를 구체적이고 아름답게 묘사한 까닭은 중생이 극락세계를 동경하도록 만들기 위해서입니다. 그중에서도 중생의 마음을 잡아끄는 부분은, 번뇌에서 해탈한 후의 정신적인 자유와 즐거움일 것입니다.

극락은 번뇌에서 해탈했음을 의미하지요. 번뇌에서 벗어난 사람은 누구나 부처가 될 수 있습니다. 그래서 『불설아미타경』에서 '갠지스강의 모래알 수만큼 많은 부처님'을 언급한 것은 불퇴전不退轉, 즉 이미 도달한 수행의 경지에서 물러서지 아니하면 누구나 부처가 될 수 있다고 중생을 격려하기 위해서입니다. 지혜를 성취하면 공간과 환경의 제약 없이 누구나 불국토에 이르러 자신만의 정토를 가질 수 있습니다.

죽은 뒤에 육신을 버리고 속세에 미련을 두지 않으면 공덕이 원만해져서 서방 극락세계에 갈 수 있습니다. 상식적으로 모든 공간적 지점에는 방위와 거리가 있지만, 불국 정토에서 진정한 극락세계와 속세는 방위도 없고 거리도 없습니다. 비록 십만억 불토를 지나야 이를 수 있지만, 서방 극락세계는 결코 멀리 있지 않습니다. 마음으로 느끼면 눈 깜짝할 사이에 오갈 수 있고, 멀리 떨어져 있지 않습니다.

> 자신을 내려놓고 모든 미련을 버리면
> 그 즉시 해탈해 영원한 극락에 이른다.

97
가족을 떠나보낸 슬픔도 다할 날이 올까

아버지가 돌아가시고 많은 세월이 흘렀습니다. 아버지가 몹시도 그리워 몇 달에 한 번씩 가족과 함께 유골을 모신 봉안당을 찾아 이런저런 말을 건넸습니다. 아버지가 돌아가시고 처음 반년 동안은 불면증에 시달렸습니다. 어찌할 수 없는 슬픔과 뜬금없는 눈물로 밤을 지새우기 일쑤였지요. 우울증으로 병원 치료도 받았고, 정좌와 독경으로 슬픔을 달래기도 했습니다. 그러면서 서서히 평정을 되찾았는데, 이성으로 억누른 건지 정말로 슬픔이 사라진 건지 알 수가 없었습니다.

그때 성엄 스님이 말씀하셨습니다. "꿈에 돌아가신 아버지를 뵈다니, 어쩌면 이미 서방 극락세계에 이르셨을지도 모르겠군요." 그제야 확실히 깨달았습니다. 이런 믿음이 생사에 대한 번뇌에서 벗어나게 한다는 것을 말입니다. 경문을 욀 때마다 서방 극락세계에 계신 아버지가 나처럼 만면에 미소를 지은 채 부자지간의 추억을 기쁘게 되새기고 있음을 느낄 수 있었습니다.

죽은 가족이 다음 여정을 계속 이어 갈 거라고 믿는 것이,
생사에 대한 걱정을 잠재우는 가장 좋은 방법이다.

이런 믿음은 다음의 전제 조건 위에 쌓인 것입니다. 하나, 아버지는 좋은 사람이었다는 믿음이 있었습니다. 속세의 눈으로 보면 완벽하지 않았지만, 육신을 벗어 던진 지금 아버지는 깨달음을 얻고 번뇌에서 벗어났다고 믿었지요.

둘, 사람이 죽으면 윤회의 수레바퀴에 들고, 훌륭한 수행자는 홍진세상을 떠나 곧 서방 극락세계로 든다고 믿는, 얕지만 탄탄한 신앙이 있었습니다.

셋, 불교에서 말하는 생사윤회의 틀에 대해 대강 이해하고 있었습니다. 오랜 세월 동안 발전해 오면서, 생사에 관한 불교의 관점과 의식은 점점 더 풍부해지고 심오해졌습니다. 인도 브라만교의 전설 및 신앙과 접목된 것도 있고, 석가모니 부처님의 설법을 바탕으로 누적된 것도 있고, 불교가 전승되는 과정에서 민간의 관습과 융화된 것도 있습니다. 어느 것이든 나름의 일리가 있고 그럴 만한 배경도 있으며 큰 틀에서 보면 대동소이하지요. 즉, 육신을 떠난 영혼이 다음 목적지를 향해 여정을 이어 간다는 것입니다.

98

불교의 사십구재는 어떻게 시작되었나

마지막으로 망자를 보내는 의식과 독경은, 죽은 자를 불국 정토로 이끄는 한편, 산 자가 삶의 의미를 돌아보게 합니다. 죽어서 영혼이 되면 얼마 후에야 윤회에 들어 새 몸을 받아 태어날까요? 불교의 가르침에 따르면 사람에 따라 다르다고 합니다. 지옥도로 윤회하면, 기다리고 말것도 없이 죽자마자 지옥에 떨어집니다.

천상도인 서방 극락세계로 가는 경우도, 죽음과 동시에 곧바로 불국 정토에 이르게 됩니다. 그러나 인간도(사람), 축생도(동물), 아귀도(귀신) 등으로 갈지는 죽고 나서 49일 동안 결정됩니다.

천문학적 주기에 따라, 서양에서는 7일을 일주일로 보는데, 인도에서도 7일을 주기로 하는 시간을 믿습니다. 7일이 일곱 번 지나는 49일은 사람이 죽고 나서 그 영혼의 향방이 정해지는 기간입니다. 빨리 정해지는 경우, 첫 번째 7일 만에 정해집니다. 첫 번째 7일에 정해지지 않으면 두 번째 7일, 세 번째 7일, 네 번째 7일…, 이런 식으로 정해지며 일곱 번의 7일이 모두 지나야 정해지는 예도 있습니다. 일곱 번의 7일, 즉 49일이 지나면 '중음신中陰身(사람이 죽고 나서 다음 생을 받을 때까지의 존재)' 단계도 끝납니다. 중음신은 말하자면 중간 단계로, 어느 '도道'로 들어 인간이든 동물이든 귀신이든, 무엇으로 환생할지 결정되지 않은 단계입니다.

사랑하는 사람을 떠나보낸 가족들은 49일 동안 망자를 위해 천도재를 올리고 불사하며 망자 대신 보시하고 공덕을 쌓습니다. 심판이 이루어지는 49일 동안, 원래라면 서방 극락세계에 닿지 못할 망자를 위해 조금이라도 공덕을 쌓아, 망자가 서방 극락세계에 들게 하기 위함입니다. 생전에 불법을 배우지 않았더라도, 죽고 나서 자신을 위한 독경과 염불 소리를 듣게 되면 마음을 돌려 극락정토에 들 수 있습니다.

이 49일은 망자뿐만 아니라 가족에게도 의미 있는 시간입니다. 이를 계기로 불교 의식과 법회, 독경 등을 접하면, 자신을 돌아보고 삶의 의미와 가치를 다시 생각할 수도 있습니다. 물론 이런 의식을 통해 가족을 잃은 슬픔을 위로받고, 살아 있는 지금을 소중히 여기며 더 열심히 살아갈 수도 있습니다.

99

인생의 고통을
어떤 마음으로 받아들여야 할까

성엄 스님은 수동적이고 소극적인 관점에서 우리가 겪는 괴로움을 보자면, 빚을 갚는 것이라고 했습니다. 어느 과거세인지는 모르나, 우리가 빚을 진 사람이 한두 명은 아닐 것입니다. 많은 중생에게 빚을 졌다면 마땅히 이번 생에서 갚아야 합니다. 그러나 능동적이고 적극적인 관점에서 인생의 괴로움을 보자면, '빚'을 갚는 것이 아니라 '원'을 갚는 것입니다.

어쩌면 어느 과거세의 우리가 선을 쌓고 공덕을 쌓고 타인과 우리가 사는 세상, 중생을 돕겠다고 발원했을지도 모릅니다. 혹자는 봉헌을 두고, 내세를 위한 복덕을 미리 쌓는 것으로 해석하기도 합니다. 그러나 진정한 불자는 어떤 목적을 위해 수행하지 않습니다. 그저 아주 단순하게, 번뇌에서 벗어난 뒤에 중생을 제도하기 위해서 수행하지요. 번뇌에서 벗어나, 중생에게도 그 이로움이 미치게 됩니다. 해탈에 이른 뒤, 타인에게 봉헌하는 것입니다.

삶의 의미와 가치는 자아의 인지와 정의에서 시작됩니다.

빚을 갚는다고 하면 고통스럽게 느껴지지만, 원을 갚는다고 하면 즐겁게 느껴지지요. 빚을 갚는 것은 수동적이고 누군가의 강요와 요구에 따른 것이지만, 원을 갚는 것은 능동적으로 헌신하는 것입니다.

평생을 불평만 하며 사는 사람이 많습니다. 조금만 고생스러워도 불공평하다며 억울해하고, 부모, 형제, 세상이 자신을 이유 없이 미워한다고 원망합니다. 이런 사람은 평생 아무리 노력해도 인연이 아니라 원한만 맺을 뿐입니다.

반대로 안분지족하는 사람은 삶의 즐거움과 괴로움에는 다 그럴 만한 인연이 있음을 알아, 타인을 부러워하지도 않고 억울해하며 원망하지도 않습니다. 그런 까닭에 평생 원한이 아니라 인연만 맺습니다.

성엄 스님은 좋은 인연을 많이 맺으라고 권합니다. 형제자매, 부모, 친구, 동료가 서운하게 하더라도 원망하지 말고 적극적으로 헌신할 방법을 생각하세요. 자신의 시간과 재력, 체력을 다해 남을 이롭게 하면 좋은 인연을 맺을 수 있습니다. 인연의 관점에서 성찰하면, 과거에 좋은 인연을 많이 맺지 못했기에 지금 억울한 일을 겪는 것입니다. 그러므로 지금 좋은 인연을 많이 맺으려고 노력해야 합니다.

고통을 받아들이고 마음을 돌려라.
원한이 아닌 인연을 쌓아라.

100
나를 사랑해 준 적 없는 부모를
책임져야 할까

상대의 '은혜'가 떠오르지 않으면
'원'으로 대신하라.
'원'의 힘이 '은혜'보다 훨씬 크다.

부모가 중병에 걸렸는데 형제자매가 모두 외국에 나가 있어 혼자서 책임져야 했던 친구가 있었습니다. 부모 모두 만성 질환을 앓고 있던 터라 정기적으로 병원에 모셔 가고 약시중까지 들어야 했지요. 벚꽃이 만개하던 때, 친구는 우스갯소리로 이렇게 말했습니다.

"나는 이 세상에 빚 갚으러 온 거야."

말투에서 어쩔 수 없는 일이라는 느낌이 묻어났습니다. 그래서 나는 빚 갚으러 왔다는 생각 대신, 은혜를 갚으러 왔다고 생각하라고 조언했습니다.

어려서 병치레 한번 하지 않은 아이는 없습니다. 그때마다 부모는 의사를 찾아다니고 정성껏 약을 먹이지요. 은혜를 갚는다는 생각으로 빚을 갚는 일을 하면, 마음이 한결 편안하고 너그러워집니다.

성엄 스님은 '원'을 갚는 것에 대해 말씀하셨습니다. '원'과 '은혜'를 비교하면, '원'의 힘이 더 세고 생각의 차원도 높으며 더 광범위하게 영향을 미칩니다. '원'은 수많은 생명의 이상과 소원을 대변하기 때문입니다. 다만 아무리 큰 '원'이라도 아주 작은 일에서부터 최선을 다해야 합니다. 아무리 생각해도 상대의 '은혜'가 떠오르지 않으면 '원'으로 대신하세요.

가장 많이 사랑한 자녀에게 제대로 보답받지 못하고 덜 사랑한 자녀에게 보답받는 부모들이 있습니다. 이러한 예는 은혜 갚음이 아니라, 원을 돌려주는 행위로 볼 수 있어요. 즉, 이번 생에 부모를 대신해 공덕을 쌓을 기회를 얻는 것이지요. 부모와 자식 모두 이런 선을 주고받을 때 각자 해탈에 이를 수 있습니다. 이런 마음으로 부모에게 보답하는 것도 '원을 갚는' 것이라고 할 수 있습니다.

부모가 베푼 은혜가 얼마나 되는지 가늠하지 마라.
나를 이 땅에 태어나게 하고
기본적인 돌봄을 베푼 것만으로도 말할 수 없이 큰 은혜다.
아무리 큰 '원'이라도
아주 작은 일에서부터 최선을 다해야 한다.

타이둥臺東에 사는 한 여성은 태어나자마자 부모에게 버림받고 양부모 밑에서 자랐습니다. 그녀는 자라서 의사가 되었고, 마찬가지로 의사인 남성과 결혼했습니다. 결혼해서도 양부모와 함께 살았는데, 양부모는 경제적으로 넉넉했고 그녀도 효성 깊은 양딸이었습니다. 그런데 어느 날 친부모라는 사람들이 찾아와 생활이 어렵다면서 도움을 청했습니다. 하루아침에 부모가 넷으로 늘었지만, 그녀는 양쪽 부모 모두를 정성껏 돌봤습니다.

친부모의 형편이 몹시 곤궁한지라, 아무래도 양부모에게 쏟는 정성보다는 친부모에게 쏟는 정성이 더 클 수밖에 없었지요. 그러나 친부모라는 사람들은 고마워하기는커녕 그녀가 베푸는 것을 당연하게 여기고 갈수록 바라는 것이 많아졌습니다. 돈을 주면 두 배로 많은 돈을 요구했고, 집을 사 주면 한 채 더 내놓으라고 성화였습니다. 그런데도 그녀는 힘닿는 데까지 친부모의 요구를 들어줬습니다.

그녀는 탄식하며 말했습니다. "아무래도 수행을 시키려는 거겠죠. 친부모에게 큰 빚을 졌나 봐요." 은혜 대신 원을 갚은 좋은 예입니다.

101
마음의 헛헛함을
신앙의 힘으로 채울 수 있을까

신앙이 있으면 마음이 편안해지고

만족을 알게 된다.

신앙이 있는 사람은 심리적 안정감과 귀속감을 느낍니다. 현실을 별로 두려워하지 않으며 물질에 대해서도 담백한 편이라 물욕이 적은 편입니다. 반면 신앙이 없으면, 심리적으로 안정되지 못하고 내면에 두려움이 가득합니다. 그래서 확실한 보장을 얻기 위해 상대방의 시간이나 재물을 가지려고 합니다. 어떤 부모는 연로해지면서 자녀가 더 많은 시간을 자기들에게 쓰기를 바라거나 더 많은 재물과 물질을 원하기도 합니다. 그러나 이런 것으로는 결코 마음의 헛헛함을 채울 수 없습니다.

심각한 재난을 겪은 사람들은 마음에 그늘이 지기 마련입니다. 그때는 신앙이 큰 힘이 됩니다. 신앙인은 알고 있습니다. 벌어질 일은 어차피 벌어지니 두려움 없이 평소처럼 살아가면 된다는 걸 말이지요. 이

것이 신앙의 이점입니다.

신앙이 있는 사람과 없는 사람, 이 두 부류 외에 '반신반의'하는 사람도 있습니다. 얼핏 보면 신을 믿고 법회에도 참가하고 기도도 하고 염불도 하지만, 수시로 의심하고 퇴전退轉을 생각하는 등 믿음이 굳건하지 않습니다. 가족이 죽으면 명절 때마다 제사는 지내지만, 신앙의 기틀이 약하고 인과나 윤회를 믿지도 않습니다. 형식적으로는 따르되, 믿음이 약해서 심신이 불안합니다.

성엄 스님은 종교를 '반신반의'하는 데는 두 가지 원인이 있다고 보았습니다. 하나는 단순히 풍속과 관습을 따르기 때문입니다. 다들 그렇게 하니까 자신도 별생각 없이 따른 것뿐이지요. 이런 사람은 부모와 친구 등 주변 사람들이 다들 믿으니까 믿는 '시늉'만 합니다. 명절 때마다 제사상을 차리고 향을 피우는 등, 다수가 예전부터 지켜 온 관습을 따르지 않으면 왠지 마음이 불편해집니다. '하지 않는 것보다 하는 게 낫다'라는 마음으로 시간과 돈을 좀 들여 제사를 지냅니다. 안 그랬다가 불상사라도 생기면, 제사를 지내지 않아서 그런 것이란 마음이 들 테니 말입니다.

다른 하나는 수행이나 신앙의 경험이 없기 때문입니다. 수행하는 도중, 정신적 힘의 존재를 느끼고 나면 반신반의할 수 없어서 실천행이 뒤따르게 됩니다.

신앙은 삶 속의 습관이다.
수행을 통해서만 심오한 경험을 할 수 있다.

102

정진하고자 하나 의심이 들면
어떻게 할까

어느 유명 인사가 성엄 스님을 두 차례 방문해 신실한 신앙을 갖고 싶으나 더 깊은 경지로 들어갈 방법을 모르겠다고 하소연했습니다. 그러자 스님이 단 몇 마디로 그 의문을 풀어 주었습니다.

"아주 간단합니다. 지식인은 머릿속으로만 생각하지, 실제로 실천하지는 않기 때문이죠. 염불, 예불, 참회, 좌선이 바로 실천입니다."

경문을 읽는 것도 좋지만 평소에 꾸준히 염불, 예불, 좌선을 실천하며 생활 속에서 감응을 얻거나 정신적 존재를 느끼면 믿음이 더욱 굳건해집니다. 역경과 시련, 불행이 닥쳐 신앙이 필요할 때는 날마다 불경을 읽다가도 병이 낫고, 상황이 좋아지고, 행운이 찾아들면 있으나 마나 한 것으로 치부하는 사람들이 있습니다. 역경에서 벗어났으니, 또는 병이 나았으니 수행을 멈추고 맙니다. 문제는 역시 기본 수행조차 제대로 하지 않는 것입니다. 그러니 성엄 스님께서 말씀하셨던 핵심을 다시 짚을 필요가 있는 것이지요. 일상생활 중에 규칙적으로 꾸준히,

하루에 30분, 한 시간에서 점차 시간을 늘려가야 합니다. 생활이 안정돼 더는 번잡하고 두렵지 않으면, 수행의 이로움을 깨닫고 종교의 힘을 느끼게 됩니다.

신앙을 통해 인생의 가치와 의미를 제대로 알고 싶다면, 가장 기본적인 수행부터 시작해야 합니다. 날마다 꾸준히 해야 하는 예불, 독경, 좌선과 같은 기본적인 수행 말입니다. 그런데 보통 사람은 이런 수행의 이점부터 먼저 경험해 보려 합니다.

생각해 보면, 서양에서는 실천적, 실증적 경험을 중시합니다. 그래서 구체적인 수행법과 삶의 태도를 알려 주고 실천하게 하면, 그 과정에서 이로움을 깨닫고 이런 수행 방식을 자연스레 받아들이게 됩니다.

일상의 기본적인 수행부터 실천해야
삶의 가치가 지닌 핵심 의미를 깨우칠 수 있다.

103

결국 모든 생명은 어디로 돌아가나

가족이 세상을 떠났을 때, 생사의 오묘함을 들여다보면
나에게도 새로운 삶이 시작된다.

법고산은 단순하고 소박한 생활을 권장합니다. 생사와 관련된 모든 일을 지나친 낭비와 과시 없이 단순하게 처리하도록 가르칩니다. 꼭 필요한 불사라도, 다른 사람에게 맡기기보다는 스스로 경을 읽는 것이 더 큰 감응을 일으킵니다. 많은 서책을 통해 천도재를 어떻게 치르는지 알 수 있습니다. 아버지가 돌아가셨을 때, 이런 서책 덕분에 올바른 관념과 방법을 알게 되었고, 가족의 의견을 하나로 모을 수 있었습니다.

생사에 관한 큰일은 대개 의식이 끝난 뒤에야 다른 단계가 시작됩니다. 가족의 죽음은 슬픔만 남기는 것이 아니라 삶에 관한 수많은 의문을 불러옵니다. 이는 마치 파도처럼 물러나는 듯하다가 방심한 틈에 갑자기 다시 들이닥치기도 합니다.

성엄 스님의 제자 중 한 사람도 아버지가 세상을 떠나자 어찌해야 할지 몰라 혼란에 빠졌었다고 합니다. 스님은 그에게 이런 가르침을 주었습니다.

"아버지를 화장했다고 끝나는 것이 아닙니다. 부처의 가르침을 배워 보십시오. 아버지를 추념하면서도 본인의 마음을 위한 길을 찾을 수 있을 겁니다."

그리하여 법고산 단체 수행에 정기적으로 참여한 뒤로, 사무치는 그리움 속에서도 아버지가 평안하시다고 믿기에 걱정과 슬픔을 떨칠 수 있었다고 합니다. 수행을 통해 마음의 평안을 찾은 것은 덤이었습니다.

그러나 이와 반대의 길을 택해 슬픔에 잠기는 사람도 적지 않았습니다. 생사의 문제를 어떻게 대해야 할지 모르는 이들은 끊임없이 묻습니다. "아버지는 지금 어디 계시죠?" "어째서 나를 보러 오시지 않죠?" 의심하고 걱정하느라 속을 끓이느니, 차라리 그것을 수행의 힘으로 바꿔 생사의 오묘함을 들여다보면 나를 새로 태어나게 하는 계기가 되기도 합니다.

'생명의 귀착점은 어디인가?'

나는 병고에 시달리시는 부모님을 보며, 특히 아버지가 세상을 떠나시기 전후로 이 문제에 대한 답을 얻었습니다. 청각 장애인인 아버지와는 늘 글을 써서 소통해야 했습니다. 병으로 쓰러지신 뒤로는 음식을 삼킬 수 없었습니다. 산소 호흡기를 달고 비위관을 삽입했으며 글자를 쓰는 것조차 어려워졌습니다.

그러던 어느 날 아버지가 힘겹게 글을 써서 보여 주었습니다.

"현숙한 아내와 효성스러운 자식이 있으니, 이번 생에는 아무런 여한이 없다."

아들로서, 유언으로 보이는 글을 보고 있자니 가슴이 무너지는 것 같았지만, 미련이 없다는 말이 한편으로 위로가 되기도 했습니다.

그로부터 몇 주가 지난 어느 날 저녁 8시경, 아버지가 임종을 맞이했습니다. 온 가족이 병실에 모여 아버지의 마지막 길을 배웅했습니다. 아쉬운 마음이 컸지만, 그래도 그만하면 괜찮은 인생이었다는 생각이 들었습니다.

아버지는 평생 물질적으로 궁핍하셨습니다. 재산도 없고, 사회적 지위도 없고, 하는 일마다 잘 풀리지 않았습니다. 젊은 나이에 홀로 중국에서 대만으로 건너오신 아버지가 한평생 피붙이의 얼굴도 못 보고 살다가 다시 가족을 만났을 때는 이미 검은 머리가 하얗게 세고 건장하던 몸이 노쇠해진 뒤였습니다. 남들 눈에는 참 힘든 인생살이였을지 모르지만 내가 봤을 때 아버지의 삶은 완벽했습니다.

아버지는 친구들에게 참 친절했으며, 당신이 배를 곯고 손해를 보더라도 도움이 필요한 사람에게 아낌없이 베푸셨지요. 베풂은 아버지의 삶을 풍성하게 만들었습니다. 아버지와 함께 일한 적이 있는 사람들은 모두 아버지를 '좋은 사람'이라고 칭송했습니다.

아버지가 정식으로 종교를 가진 적은 없었던 것 같습니다. 제사는 지냈지만 향을 피우지는 않았습니다. 종교를 접한 적은 없지만, 홍일대

사홍一大師*와 풍자개豊子愷**의 글을 가까이하셨지요. 정식으로 불경을 독송하지는 않았으나 불법의 체험자이자 실천자였습니다. 누구에게 가르침을 받은 적은 없으나 중생을 이롭게 하는 일을 많이 하셨습니다. 그래서 복이 많았기에 임종을 앞두고도 여한이 없으셨지요.

섬세하신 성엄 스님은 확신하셨습니다.

"영존께서는 불법을 어느 정도 아셨을 것 같습니다."

스님은 불법을 배우는 데도 여러 단계가 있다고 하셨습니다. 『육조단경六祖壇經(당나라 승려 혜능의 설법을 기록한 불교서)』을 보면, 아미타불을 외라고 하지 않고 날마다 절을 하라고 가르치지도 않습니다.

진정한 불법은 마음과 행동을 바르게 하고 말을 함부로 하지 않으며 좋은 인연을 많이 맺는 것입니다. 곧은 마음直心을 유지하고 남을 해칠 마음을 품지 않고 어떠한 보답도 바라지 않습니다.

---

* 출가 전 당대 최고의 예술가였으나 출가 후 설법을 통해 중국 국민들에게 큰 위로를 주었으며, 20세기 중국의 4대 고승 중 한 명으로 추앙받고 있다.
** 중국 문인서정만화의 창시자이자 '중국 만화의 아버지'라 불린다. 홍일대사의 영향으로 불교에 귀의했다.

104
죽음에 대한 두려움을 떨쳐 낼 수 있을까

생명이 깃드는 곳이 있다고 믿으면
사별로 인한 고통에서 벗어날 수 있다.

성엄 스님에 따르면, 무신론자들도 마음을 안정시키는 나름의 방법이 있다고 합니다. 소위 '유물론자'는 사람이 죽으면 그 무엇도 아닌 게 된다고 믿습니다. 어차피 아무것도 남지 않으니, 그냥 지금 사는 생을 잘 살면 된다고 안심하지요. 이런 사람은 죽음을 앞두고 방황하거나 귀속감을 느끼지 못해 괴로워하지 않습니다. 마치 '자연주의자'처럼, 대체로 자신이 대자연에 귀속된다고 생각하며, 임종을 앞두고 별다른 여한이 없습니다.

사실 과학과 신앙은 밀접한 관련이 있습니다. 과학을 깊이 연구하다 보면, 우주의 오묘한 신비를 발견하고 신앙의 단계에 근접하게 되지요. 아인슈타인조차도 인류는 종교를 가져야 한다고 주장했습니다. 신앙을 가진 사람은 모든 생명이 각기 귀속되는 곳이 있음을 압니다. 생명이 깃드는 곳이 있다고 믿으면 사별로 인한 고통에서 벗어날 수 있습니다.

반면 신앙이 없는 사람은 생명의 귀속감이 없는 까닭에 다가올 죽음을 두려워하고 의지할 것이 없음에 괴로워합니다. 그 모습을 지켜보는 가족들도 고통스럽기 그지없습니다. 사람이 죽으면 끝이라는 생각에 놓아 주지 못합니다.

법고산에서는 생에 여한이 남은 병자를 위해 '임종 귀의 의식'을 치릅니다. 왕생을 앞두고 말을 할 수 없는 상황이어도 병자와 가족이 원하면 가족이 병자를 대신해 귀의사를 읽습니다. 뇌사 상태에 빠져 의식이 없더라도 그의 영혼과 육체가 아직 존재합니다. 법고산 스님들이 귀의 의식을 치를 때, 병자도 이에 감응하여 죽음에 대한 두려움이 줄어듭니다.

105

삶과 죽음은 우리에게 무엇을 알려 주는가

성엄 스님은 많은 저서에서 죽음을 바르고 긍정적으로 보는 법을 가르치고 주의해야 할 점을 알려 주었습니다. 자살률이 계속 높아지는 문제에 관해서도 '자살해서는 안 된다'라고 호소했습니다.

현대인의 평균 수명은 점점 늘고 있습니다. 과학자들은 미래 인류의 수명이 200살에 달할 것으로 예측했으나, 그들이 현대인보다 더 나은 삶의 질을 누릴지는 미지수입니다.

부모가 자녀를 학대해 비극적으로 숨지게 한 사건이 심심치 않게 보도되고, 젊은이들이 교통사고나 익사 사고로 돌연 목숨을 잃기도 합니다. 어디 그뿐인가요. 중장년층이 자살로 생을 마감하는 일도 점차 늘어나고 있습니다. 이처럼 사람이 천수를 누리지 못하고 갑자기 생을 마감하는 것은 생명의 가치를 제대로 인지하지 못하기 때문입니다. 생명을 가볍게 여기거나 생명에 대한 책임이 없는 것이지요. 생명의 의미와 가치, 기능을 제대로 알고 부모에 대한 책임, 가정이나 사회에 대한 책임을 명확히 이해한다면 스스로 목숨을 끊을 수 없습니다.

몇몇 학교에서 '생명 교육'을 실시하고 있다지만, 입시에만 치중하는 분위기 탓에 시험도 치르지 않는 생명 교육의 효과는 기대에 못 미칠 수밖에 없습니다. 그나마 민간 단체들이 생명 교육에 힘을 싣고 있어 다행이라면 다행입니다. 최근 몇 년간, 타이베이 푸본 문화교육재단의 '무한 사랑 밴드'는 대만 각지의 중고등학교를 찾아다니며 300회 가까운 공연을 했습니다. 학생들은 장애가 있는 사람이 어떻게 심신의 어려움을 극복하고 뛰어난 예술적 재능을 꽃피우는지 직접 보았습니다. 귀청을 울리는 박수 소리는 생명에 대한 존중을 불러일으켰고, 수업보다 더 큰 효과를 거두었습니다.

우리 부모 세대는 가난하되 현실에 만족하며 행복한 삶을 살았습니다. 그들은 생명 교육을 받지도 않았고 받을 필요도 없었습니다. 힘든 현실을 살아가며 단련돼, 이미 최고의 생명 교육을 받은 것이나 다름없었기 때문입니다.

그들이 자랄 때의 환경은 몹시도 곤궁했습니다. 그런 환경에서 사는 것 자체가 생명 교육이었습니다. 그 시절에는, 언제든 죽음을 맞이할 수 있었기에 생명을 몹시 귀하게 여겼습니다. <u>고난을 겪은 사람은 생명의 고귀함을 아는 법입니다.</u>

죽음을 적극적으로 마주하다 보면
생명의 의의와 가치를 다시 들여다볼 수 있다.

106

가정에서는 어떻게 생명 교육을 해야 할까

생명의 나약함을 깨달아야
하루하루의 삶을 소중히 여기고 존중할 수 있다.

성엄 스님은 가정, 학교, 사회가 함께 생명 교육에 나서야 한다고 했습니다. 하지만 가장 중요한 것은 생명이 잉태되기 전부터 시작해야 한다는 것입니다. 다시 말해, 예비 부부에게 아이를 양육하는 법, 생명의 고귀함을 가르치는 법, 신앙을 갖게 하는 법, 삶의 의미와 가치를 성찰하는 법 등을 가르쳐야 합니다.

"모든 아이는 부모의 소망이 실현된 존재다."라는 서양 속담이 있습니다. 물론 자녀가 태어난 후에는 부모의 능력과 경제력, 교육 수준으로 인해 100% 완벽한 부모가 되기 어렵습니다. 하지만 자녀가 뱃속에 있을 때는 어떤 기대를 걸기 마련입니다. 그러나 작금의 현실은 꼭 그렇지만도 않습니다. 부모의 실수로 생긴 아이는, 잉태되는 순간 이미 기대에서 벗어난 존재가 되고 맙니다. 게다가 점점 이혼율이 높아지다 보니 아이를 버리거나 학대하는 일도 흔하지요.

원앙 같은 한 쌍이 되느냐, 원수 같은 한 쌍이 되느냐는 두 사람이 서로에게 고마워하느냐, 원망하느냐에 달려 있습니다. 사실 부부는 은원, 즉 은혜와 원한으로 엮인 사이입니다. 원수는 외나무다리에서 만나듯이, 은원이 얽힌 사이가 아니면 애초에 부부가 될 리 없습니다.

그러니 부부로 엮였다면, 원한은 접어 두고 고마운 마음을 되새겨야 합니다. 서로 포용하고 배우며, 배우자의 잘못에서도 내가 배울 점을 찾는다면 삶의 즐거움이 차오를 수밖에 없지요. 그렇게 즐거운 마음으로 가정을 꾸리고 자녀를 키워야만 생명을 존중할 줄 알게 됩니다.

107
자녀에게 무엇을 남겨 줄 것인가

'부모 자식의 소통'을 주제로 한 강연에서 이런 이야기를 한 적이 있습니다.

"밥 많이 먹었는지만 묻지 말고, 고생 좀 했는지도 물어보세요."

날마다 고생을 좀 하면 어려움을 견디는 역치 값이 점점 커져 영혼이 튼튼해질 테니, 영혼을 위한 보약을 먹는 셈입니다.

성엄 스님께 이 말씀을 드렸더니 흡족한 미소를 지으며 말씀하셨습니다.

"아주 잘하셨습니다. 인생은 고생에서 시작해야 하죠."

지혜로운 스님은 괜히 사서 고생할 필요까지는 없다고 우스갯소리를 하셨습니다.

고생을 보약으로 삼으라는 말은, 도전을 통해 성장하라는 뜻이지, 멀쩡한 다리를 부러뜨려 괜한 고생을 사서 하라는 의미가 아닙니다. 이런 고생은 자신의 성장에도 도움이 안 되고 타인에게도 폐를 끼칠 테

276

니, 지혜라고는 터럭만큼도 없는 어리석은 행동일 뿐입니다.

요즘 부모들은 잘 먹이고 잘 입히고 최대한 많은 유산을 남기는 것을 아이를 위한 행동으로 여깁니다. 그러나 너무 많은 유산은 오히려 자식에게 해가 됩니다. 풍족한 생활을 영위할 만큼 많은 유산을 남겨 주면 자녀가 행복할 것 같지만, 실상은 그렇지 않습니다. 노력 없이 공으로 얻은 재산은 자녀의 자립 의지와 자주성을 해치고 경쟁력까지 떨어뜨립니다.

성엄 스님의 말씀도 그러했습니다.

"아낄 줄 모르고, 어떻게 굴려야 할지도 모르면, 돈은 물처럼 흘러가 버립니다. 제아무리 많은 재산도 하루아침에 사라지기 쉽지요."

인도 부자들은 공양과 보시를 즐깁니다. 집이고 땅이고 모두 보시하고 삼보三寶*에 공양합니다. 서양에도 이런 사례가 수두룩합니다. 화약 사업을 한 노벨, 석유왕 록펠러, 철강왕 카네기, 투자의 신 워런 버핏, 소프트웨어 사업으로 세계에서 가장 부유한 사람이 된 전 마이크로소프트 CEO 빌 게이츠 등은 자신들이 번 돈으로 자선 재단을 만들어 전 세계 복지와 교육, 약자를 위한 사업에 기부했습니다.

자녀에게 유산을 물려주느니, 절실한 사람에게 보시하라.

---

* 부처, 부처의 가르침, 수행의 공동체를 의미한다.

108
생명의 가치를 이어 가려면
어찌해야 할까

당신이 남긴 것이 긍정적인 영향을 준다면,
그것이 누군가에게 그늘이 될 한 그루 나무라 할지라도
의미가 깊다.

금전적 보시 외에, 지혜라는 유산도 생명의 가치를 영속시킵니다. 석가모니, 예수, 공자는 살아 있을 때 부유함과는 거리가 멀었으나, 그들의 말과 생각은 수천 년이 지나도록 많은 이를 이롭게 하고 있습니다. 자신만의 생각이나 지혜가 없는 사람이라도, 이들의 지혜를 널리 알림으로써 고귀한 정신적 유산을 후대에 전해 자손들이 혜택을 누리게 할 수 있습니다.

성엄 스님의 제자 중에도, 가진 재산도 없고 학식이랄 것도 없는 사람들이 적지 않습니다. 그러나 이들은 날마다 법고산을 찾아 자원봉사를 하며 자신의 삶을 공익 사업에 바칩니다. 이런 유무형의 공덕은 그들이 자손에게 물려줄 수 있는 가장 고귀한 유산입니다.

생명을 존중하고 사랑하는 가장 기본적인 실천법은 자기 몸을 아끼고 재능을 펼쳐 타인을 돕고, 자신과 생각이 다른 이들을 포용하는 것입니다.

성엄 스님은 이렇게 말씀하셨습니다.

"이번 생이 너무 힘들어, 생을 마치면 다시는 태어나고 싶지 않다고 하는 사람이 많습니다. 그러나 보살은 고생을 마다하지 않고 한 번이고 두 번이고 다시 세상에 태어나서, 고생하는 한이 있더라도 중생에게서 배우고자 하지요."

여태껏 살아온 세월을 돌아보고 앞으로 살아갈 세월을 내다보면, 지금의 순간을 기준으로 선을 그을 수 있습니다. 고생이란 고생은 죄다 한 과거의 나는 수행을 해탈을 위한 것으로 여겼습니다. 그러나 지금의 나는 불국 정토가 죽고 나서야 이를 수 있는 곳이 아니라, 모두의 마음속에 있음을 깨달았습니다.

사실 생명은 자기가 처음으로 낸 원심으로 돌아갑니다. 따라서 결국 원심을 따라 이 세상으로 돌아오게 되어 있는 것이지요.

성엄 스님 서문
마음을 돌리면 없던 길이 보인다

나는 종교계의 노승이고 우뤄취안 씨는 문단에서 사랑받는 베스트셀러 작가입니다. 우리 두 사람은 서로를 아주 잘 안다고 할 수는 없지만 그렇다고 서먹한 사이도 아니에요. 우뤄취안 씨가 다작하는 작가로, 소설이며 에세이를 발표할 때마다 언론의 주목을 받기 때문인데, 나도 인연이 닿아 그의 글을 읽으며 대단한 재능에 탄복했습니다.

그의 글은 술술 읽혀 독자들의 사랑을 받습니다. 그는 글만 잘 쓰는 게 아니라 라디오, 텔레비전, 강연 등 다양한 분야를 넘나들며 놀라운 성취를 보이는 다재다능한 사람입니다. 특히 전국 각지의 초중고를 돌며 수백 차례의 강연을 한 결과, 남녀노소, 계층을 뛰어넘어 광범위한 팬을 가진 유명인이 되었습니다. 예전에 에바長榮 항공을 탈 일이 있었는데, 갑자기 승무원 한 명이 다가와 사인을 요청했습니다. 그녀는 여권을 내밀며 그 위에 사인을 해 달라고 하더군요. 그런데 사인을 하려고 보니, 유명 작가의 사인이 보였습니다. 바로 우뤄취안 씨의 사인이었습니다. 그의 인기가 어느 정도인지 실감할 수 있었지요.

그러다가 우뤄취안 씨의 인터뷰 요청으로 직접 만나게 되었습니다. 2007년 1월 하순부터 우뤄취안 씨는 거의 매주 내가 머무는 곳에 찾아왔습니다. 매주 두 번, 시간은 그날그날 달랐지만 대략 한두 시간씩 이야기를 나눴습니다. 그런 식으로 총 여덟 번의 인터뷰가 이루어졌습니다. 우리는 고차원적이고 심오한 불교의 교리가 아닌, 보통 사람들이 일상생활 속에서 심리적 또는 생리적으로 겪는 난처하고 처치 곤란한 모순 등 다양한 문제에 대해 이야기했습니다. 또 우뤄취안 씨는 이런저런 문제에 부딪힐 때마다 내 생각을 물었습니다.

보통 사람은 문제가 생기면 습관적인 사고방식이나 익숙한 관점으로 해결하려고 합니다. 그러나 그런 태도는 문제 해결에 보탬이 되기는커녕, 남과 자신을 더 큰 곤경에 빠트릴 수도 있습니다. 곤경에 빠졌기 때문에 해탈하기도 쉽지 않지요. 불교에서 말하는 '고苦'는 곤란한 상황에 빠졌을 때 어떻게 해결해야 할지 몰라 상식적이고 습관적인 방식으로 해결하려고 했다가, 더 심각한 상황을 초래하는 것을 말합니다.

평소의 상식적이고 습관적인 사고방식에서 벗어나, 부처님의 가르침으로 문제를 바라보고 해결하면, 종종 눈앞이 환해지는 경험을 하게 됩니다. 번뇌를 해결하는 데 있어 나의 기본 입장은 '똑바로 보고 거꾸로 생각하라'는 것입니다. 똑바로 보라는 것은, 눈앞의 문제를 나쁜 쪽으로만 해석해 장애물로 보지 말고 나를 단련시키는 계기가 될 인연으로 보라는 말입니다. 거꾸로 생각하라는 것은, 순풍에 돛 단 듯 일이 잘 풀리더라도 우쭐하지 말고, 가시밭길과 진흙탕이 가로막더라도 낙담하지 말라는 말입니다. 마음을 돌리면, 없던 길이 보입니다.

나는 모든 문제를 대체로 이렇게 바라봅니다. 물론 내 나이가 벌써 일흔여덟이라, 세상 돌아가는 이치를 좀 더 잘 알고 불법에 대한 인지와 경험이 보통 사람보다 조금 더 나을 수는 있습니다. 그래서 우뤄취안 씨가 보는 세상의 여러 현상, 특히 우리 사회가 종종 마주하는 문제들에 대해, 내가 아는 최선의 답을 했습니다. 내 답이 독자들에게 조금이라도 도움이 되었으면 하는 바람입니다.

우뤄취안 씨 같은 유명 작가와의 대화는 유쾌한 일이었습니다. 그는 두뇌 회전이 무척 빨라, 때로는 질문과 동시에 나름의 답을 얻어 곧바로 이야기하고는 했습니다. 이 책은 우리 두 사람의 대화를 우뤄취안 씨가 1인칭으로 서술하는 형식으로 편집했습니다. 나 같은 노승이 하는 이야기보다는 우뤄취안 씨의 이야기가 훨씬 더 듣기 편할 것입니다. 3인칭 시점으로 우리 두 사람의 대화를 기록했다면, 상세하기는 할 테지만 친근감은 적었을 테지요. 이 책이 출판되어 무척 기쁘며, 이 책이 우리 사회에 보탬이 되기를 기원합니다.

2007년 6월 27일 법고산에서

성엄 스님에 관해서

(1931. 1. 22.-2009. 2. 3)

"허공은 끝이 있으나 나의 원은 끝이 없다. 이번 생에 못다 이룬 일은
앞으로의 한량없는 생애 동안 계속 이뤄가련다."

발원

어린 시절, 절에 들어가 출가인이 익혀야 할 학문을 모두 익힌 성엄 스
님은 불경이 망자를 천도하는 데만이 아니라, 살아 있는 사람들이 실천
해야 하는 가르침임을 알게 되었다. 그래서 불경을 모두 깨우쳐 배움을
중생과 나누고자 하는 원을 품었다.

　도중에 군에 몸담았지만 배움을 멈추지 않았으며, 불교계와도 가까
이 지냈다. 퇴역한 뒤에는 정식으로 동초노인東初老人 밑에서 머리를 깎
고 출가해 '성엄'이라는 법명을 얻었다. 이는 뛰어난 가르침으로 불법을
장엄하게 하고, 심신을 단정히 하며, 뛰어난 덕으로 계율을 맑게 하라는
뜻으로, 자신을 엄히 단속하고 위업을 떨치라는 의미가 담겨 있다.

수행정진

불법을 더 배우고 수지修持하기 위해 남쪽에 있는 가오슝 메이농美濃으로 내려가 조원사朝元寺에서 스스로 수행하며 해행解行을 함께 했다. 행行은 예불과 좌선을 말함이고 해解는 독경으로, 율학을 위주로 『아함부阿含部』 등의 경전도 연구해 불법의 사상적 근원을 깊이 이해하는 것을 말한다. 성엄 스님은 오랜 연구 끝에, 불교의 학문적 위상과 승려의 자질을 높여 불교 교육의 새 장을 열었으며, 1969년에는 일본 도쿄에 있는 릿쇼대학立正大學으로 유학을 떠나 석사 학위를 받기도 했다.

홍법

미국 불교회 새 이사 겸 부회장 및 대각사大覺寺 주지로 추대되었다. 같은 해, 일상日常 스님과 함께 미국 대각사에 '일요 선禪 강좌'를 개설하고, 이어서 '좌선 수행반'도 개설해 중국과 미국 청년들을 불교의 가르침으로 이끌었다. 교육계에 뛰어들어, 대만에서 중화불학연구소 소장 자리를 이어받고 미국에 동초선사東初禪寺를 창건해 미국과 대만을 오갔다. 또한 《인생월간人生月刊》을 복간했다.

법고산

이 세상에 불법을 널리 퍼뜨리기 위해 법고산을 창건했다. 스님은 법고산이 불교 공간이자 만인을 위한 교육의 장으로, 학술과 교육을 포괄하고 인품을 함양하는 세계적 수행처라고 강조했다. '중국과 티베트 불교

의 세기의 대담'을 기획하고 UN에서 연설하는 등 세계 평화를 위해 힘
썼다.

원만

성엄 스님이 교육 사업에 힘쓴 것은 후세를 위해서였다. 중화불학연구
소와 승가대학을 세운 뒤, 법고불교학원도 설립했다. 스님은 국제적인
안목을 가진 종교인과 학술적·문화적 소양을 모두 갖춘 지도자급 인재
를 길러 내어 인류의 평화와 지구의 영속에 이바지하고자 하였다. 이는
스님이 후세에 남긴 축복이기도 하다.

* 위 자료는 「법고산 성엄 스님 디지털 아카이브 '생명 이야기'」에서
발췌한 것입니다.

나는 삶이 답답할 때
부처를 읽는다

펴낸날 2025년 10월 15일 1판 1쇄

지은이 우뭐취안
옮긴이 정주은
펴낸이 金永先
편 집 박혜나
디자인 한승주

펴낸곳 알토북스
주 소 경기도 고양시 덕양구 청초로 10 GL 메트로시티한강 A동 A1-1924호
전 화 (02) 719-1424
팩 스 (02) 719-1404
출판등록번호 제13-19호

ISBN 979-11-94655-15-2 (03190)

알토북스와 함께 새로운 문화를 선도할 참신한 원고를 기다립니다.
이메일 geniesbook@naver.com (원고 투고)